U0129082

台客著

文學叢刊

詩海微瀾

文史哲出版社印行

國家圖書館出版品預行編目資料

詩海微瀾 / 台客著.-- 初版.-- 臺北市：文史哲, 民 94
面： 公分.--（文學叢刊；171）
ISBN 957-549-602-7（平裝）

848.6 94009012

文學叢刊 ⑰

詩海微瀾

著者：台客
出版者：文史哲出版社
http://www.lapen.com.tw
登記證字號：行政院新聞局版臺業字五三三七號
發行人：彭正雄
發行所：文史哲出版社
印刷者：文史哲出版社
臺北市羅斯福路一段七十二巷四號
郵政劃撥帳號：一六一八〇一七五
電話 886-2-23511028・傳真 886-2-23965656
實價新臺幣四二〇元
中華民國九十四年（2005）八月初版

ISBN 957-549-602-7

詩海微瀾　目錄

卷二 素描·懷人

卷三 短論·隨筆

卷四　序跋·報導

附錄：詩家評台客

為詩壇留存另一個面貌

——為台客著《詩海微瀾》序

麥穗

對喜歡搖筆桿爬格子的朋友來說，出書是一件值得慶幸的事，筆耕和農耕一樣，在辛勤耕耘之後，最大的期望都是收穫。一個個的字和一顆顆的稻穀，同樣能帶給耕者滿足和喜悅。而筆耕者的結集出書，就像農耕者將生長在田野成熟的稻穀，收割堆集入倉廩。《葡萄園詩刊》主編詩人台客，將他卅多年來，在海內外報刊雜誌上發表過有關詩的篇章，整理結集《詩海微瀾》，電囑爲撰序置於集前，好友出書理該慶賀，即允以陋見爲介。

收到台客寄來的稿件，意外地發現稿前附有筆者一篇寫於一九九九年十二月的序稿，使我想起二〇〇〇千禧年來臨前夕。突然接到台客自鶯歌郵來一大包稿件，並附有「奉上拙著《詩林擷英》稿，請幫忙賜寫一篇序」的一紙便箋。當時立即騰出時間，把稿詳細閱讀了一遍，發覺其中所涉及的人和事，大都是我所熟悉和曾經參予的，也可能是這個緣故，台客要我來寫這篇序文了。當時認爲既然是詩人寫詩以外的另一收成，就讓大家一起來分享他的喜悅吧！於是動筆完成了一篇二千多字的讀後感，不料文稿寄去後，一直沒有出書的消息，日子一久這檔子事也就忘了。不料這篇幾乎已經被判定石沉大海的舊作，事隔五年又突然浮現，但時空移位，《詩林擷英》已更名爲《詩海微瀾》，內容也作了許多增刪，舊稿已不適用，只好留作紀念了。

與台客相知相交已逾卅春秋，曾數度同赴海峽對岸作詩與文化的交流訪問，一九九五年九月，中國詩歌藝術學會第一屆理監事一行九人，組成「九歌行」詩歌訪問團，從東北的哈爾濱、瀋陽經北京、石家莊、鄭州、開封、洛陽，到上海及蘇、杭，作爲期一個月的大陸詩歌之旅，我們都是成員之一。一九九九年五月，大陸第十二屆全國詩刊詩報協議會在湖南益陽召開，我倆同時應主辦單位《散文詩月刊》邀請，赴湖南益陽出席盛會，會後並同赴張家界、韶山、長沙等地旅遊訪友。二〇〇三年九月第八屆國際華文詩人筆會在廣東珠海舉行，台客和我都被邀參加。經過幾次的結伴同行，尤其自一九九七年十二月，台客出任《葡萄園詩刊》主編後，因他在編務上的需要，彼此之間函電往來更多了，友誼和認知也隨之而增。

詩齡超過卅的台客，自上大學時即迷上了詩，成功大學外文系畢業後，就職郵政機構至今，詩筆始終未離過手，業餘時間除了玩玩石頭，大部分時間都交給了詩。早期甚少涉及論評範疇，直到擔任《葡萄園詩刊》執行編輯，進而出任主編，因編務上的須要，才有大量評論性文字出現。收在這本集子中的作品，大都是近十年中間所寫的，算是台客跨入詩論評界的成績展示，是一件可喜可賀的事。

《詩海微瀾》收不同類型的論評性作品六十五篇，分門別類編爲「詩評・評詩」、「素描・懷人」、「短論・隨筆」、「序跋・報導」四卷。卷一的廿四篇是讀詩的心得，無論是一本詩集或一首詩，經過台客悉心細剖精析，便精髓盡現，瑕蕪無遁。這些篇章大都發表在《葡萄園詩刊》，台客入主該刊編務後，即開闢了一個「好詩賞析」專欄，每期介紹一、二首好詩，供讀者欣賞，除邀約評述專家外，主編在審稿閱稿間發現佳作，也會親自登場評介一二，這是盡主編爲讀、作者服務的職責。台客的論評無論是讚賞、批評或建言，落筆公正、客觀，不阿諛不攻訐，對長者敬而仰之，對後學鼓勵有加，這是我所認識台客的一貫爲人處世態度。

卷二的「素描・懷人」十五篇中，有十七位詩人被描繪和懷念，其中有八篇懷（悼）念文，這些被懷（悼）者，有兩岸詩壇知名前輩如艾青、吳奔星、鍾雷等，也有愛詩支持詩的朋友，如醫師、攝影家耿殿棟等。其中如艾青及吳奔星與台客都無一面之緣，純粹是出於敬佩仰慕之心。而其他被描述介紹的詩人，除大陸的蒙古族女詩人薩仁圖婭，以及旅居澳洲的雪陽、璇子詩侶外，其餘都是台灣詩壇腳踏實地的一群資深詩人，他們默默創作，不求名利的奉獻，卻是一直被忽略或刻意冷落的一群，台客不以明星詩人爲選樣，藉以提高一己的身價地位，令人敬佩，可惜寫得太少了些，希望今後能在這方面多著點力。

被列爲卷三的「短論・隨筆」，是由七篇短論五篇隨筆所組合。有輕鬆的談話，也有嚴肅的主題，是台客在寫詩、編詩刊、參予詩的活動，與詩友間互動的收穫。《葡萄園詩刊》有一個「八百字詩論」的常設性專欄，因爲字數的限制，論述必須言簡意賅，是一方考驗文字運作功力的平台，台客在這裡有相當見地與火候演出。至於隨筆，廿四則〈詩國隨想〉，和四論〈當代詩人角色的定位〉，是詩人陷入詩的流沙，不能自拔後的深切體驗和認知，不但是作者自己的座右銘，也是給後進者的指引，值得一讀。

記得五年前，台客曾自謙地說過：「筆者自知才學有限，一向不敢輕言爲人作評、寫序」，事隔五年在寫評方面已有豐碩的成果。在最後的卷四「序跋・報導」中的九篇序文，除了三篇編詩選集的自序，其餘六篇爲花甲白丁及吳淑麗等詩集寫的序文，十年來才寫出六篇，可見台客之言謹筆慎了。在台灣詩壇台客並非站在「大」字號前的詩人，但對詩的奉獻付出卻比誰都大，從這三篇自序中可以證之。一九九九年九月廿一日，台灣中部發生了百年來空前的大地震，台客不但駕車數度深入災區探察，回來後即在《葡萄園》做了一個「大地震紀念專輯」外，並以詩方式記錄了在災區的見聞，再加上一些報導散文配以照片，出版了一本《見震九二一》詩集，爲大災難留下一份慘痛的痕跡。但是當他發覺在其他報刊上，有更多更有文學價值的作品散落四處，甚爲可惜，如果能彙編成集作爲傳世文獻該多好。但茲事體大並非一蹴可成，經過不斷猶豫思考，最後被證嚴法師在九二一後的一句「悲極無言說，做就對了」所感動，鼓起勇氣發下了宏願。所謂有志者事竟成，在時間經費雙重緊張下，一部收集全台各大報副刊、詩刊及雜誌中，有關震災的詩篇計八十五人九十首詩的《百年震撼》堂堂問世。其次是《葡萄園詩刊》創刊四十週年時，亦曾爲編選工程及龐大經費的壓力下，數度在社務會議中觸礁的四十週年詩選。在瀕臨放棄邊緣的一刻，台客挺身而出，願獨攬編務及籌措經費的重任，這臨門的一腳，挽回了頹勢，免使《葡萄園》繼廿年、卅年出版紀念詩選後，出現一個空白的遺憾。這就是台客可愛的傻勁。卷中之五篇報導，雖是台客參予詩活動的記錄，但都具有史料參考價值。

本書之後，還有一個「附錄」，共收集了十餘年來兩岸三地學者、詩評家爲台客的各種詩集所寫的部份評論文章。由這些論評，讀者可以約略了解詩人台客在詩藝方面的成就與表現。

衆所周知，台灣詩界一向是門戶極深的，有些族群一直緊閉著大門，在門內自我吹捧，不願也不想與門外的詩群有所互動，門外人也很難「破門」，因此往往對讀者們產生誤導（尤其是域外），以爲台灣詩壇祇有那麼些人，或那麼些事。《詩海微瀾》中所評介的人與事，除了少數一、二位外，大都是門外族群的事。雖然涉及面稍爲紛雜，但整體而言這六十五篇作品，已充份達到了作者的希望，已在詩的浩瀚海洋中，激起了一些微瀾。因爲無論評介的作品或人物，都可以彌補台灣詩史中的一些「遺漏」，爲詩壇留存另一個面貌。

評詩論詩，月旦人物都必須公正公平，報導文章也須要翔實簡要，在這方面台客都拿捏得恰到好處。因爲有公正和公平的內容當然也有了可讀性，所以當讀完《詩海微瀾》，願以拙見爲讀者們推介這本好書。當然，它也將永遠進駐我的藏書錄中。

二〇〇五年四月九日烏來山居

葡萄美酒圖　（章安君國畫作品）

自序

記得五年前，也就是西元二〇〇〇年時，筆者感覺爲迎接一個新世紀的來臨，需要有所作爲，就試著把自己寫詩近卅年來陸陸續續所寫的一些和詩有關的文章整理出來，打算出版一本詩論集。後來由於忙碌及感覺出書時機尚未成熟等原因，也就耽擱了下來，想不到這一耽擱匆匆又過了五年。

五年來，自己並沒有在寫詩的這條路上退怯，仍然繼續的編詩、寫詩，偶而也應詩友之邀約寫寫評論文章。今年春應大陸某位詩友之邀，整理了近四年來的詩作，準備在大陸出版個人的第八本詩集《星的堅持》。於整理詩集的同時，順便也將自己近五年來所寫的一些詩的論評等文章整理出來，感覺數量還不少。於是在整理完《星的堅持》後，也將五年前編好的詩論集拿出來重新審視一番。剔除一些較沒有文學價値的純報導等文章，再加入近五年來所寫的一些評論等文章，感覺書的份量較以前充實很多，應可達到出書的標準了。

本書全書共分四卷，收評論等文章六十五篇，分別爲卷一、詩評・評詩，廿四篇。卷二、素描・懷人，十五篇。卷三、短論・隨筆，十二篇。卷四、序跋・報導，十四篇。這些文章大部份發表在《葡萄園》詩刊、《世界詩壇》雙週刊，少數發表在海內外詩、報刊，如《秋水》、《海鷗》、《笠》詩刊、《青年日報》副刊、重慶的《微型詩刊》、成都的《玉壘》詩刊、北京的《中國詩人》詩報等等。這六十五篇文章，最早寫出的一篇是〈我怎樣寫兒童詩〉，一九七六年發表於《笠》詩刊，至今已近卅年時光了。

這本書的絕大部份文章，都是我在最近十年中陸續寫成的，這可能都要「歸功」於筆者這段期間主持《葡萄園》詩刊的編務，爲了詩刊的需要，不得不勉力動筆，久而久之，累積的成果。

本書編輯完成後，經過一番思索，決定取名爲《詩海微瀾》，這四個字我曾經在《葡萄園》詩刊，取爲專欄名稱，意思是說，這些文章，希望在詩的浩瀚海洋中，激起一些漣漪，一些小小的波瀾，如此則吾願已足。最後感謝文史哲出版社彭正雄先生，願意給這本小書一個機會。我和彭先生交往不多，但知道他是一位負責、眞誠待人出版家。感謝詩人麥穗爲這本書作序。感謝書後「附錄」中，每位詩評家爲筆者所寫的評論文章。更感謝所有閱讀到這本書的讀者，希望閱讀本書後，對您有很好的收穫。

二〇〇五年三月廿九日

卷一

詩評・評詩

春江帆影　　（秦裕芳國畫作品）

我讀孫家駿的「美加走馬」

「美加走馬」是詩人孫家駿及其夫人於一九九七年五月廿七日至六月九日，由其居於美國的長子陪同，前往美東及加拿大旅遊返回後所創作出的組詩，共十八首，曾於《葡萄園》詩刊一三七期起至一四一期止連載。如今已收入他新近出版的第四本詩集《遠去的鼓聲》。

「讀其詩，不識其人，可乎？」在賞讀他的這組組詩之前，首先我要介紹詩人的簡歷。孫家駿，一九二七年生，河南商邱人，國立師範大學國文系畢業，國立政治大學東亞研究所研究。曾長期服務軍中，曾任國中、專科學校教師，現已退休。現任中國詩歌藝術學會監事、《紫玉金砂》雜誌社編輯顧問，曾獲中國文藝協會第一屆優秀詩人獎、國防部文藝創作新詩獎、國軍文藝短詩銀像獎、教育部歌詞創作獎等多項。著有詩集《北向吟》、《軍旗下》、《湄南詩簡》及《遠去的鼓聲》四部。

每一位詩人由於生活背景、教育程度、社會環境等的不同，其寫詩的風格也迥異，有細膩的、有粗獷的、有明朗的、有晦澀的……基本上詩人孫家駿的詩風是屬於粗獷中帶明朗的。或許這和他的長期軍中資歷很有關係吧！

首先，我們來欣賞「美加走馬」中的一首〈渥太華一景〉：

當落日悲壯的一頭撞在廿層樓的玻璃幃幕上
噴池驚呼
激起一池彩虹嘩然
一隻海鷗低吟而下
於是我和那對坐在長椅上閉目養神的老夫婦
都成了玻璃幃幕上的風景了

筆者一向強調，詩在精而不在多，這首詩就是最好的例證。全詩雖僅短短六行，卻是一幅不折不扣的優美風景畫，此詩若以散文敘述，可能要一、二千字之篇幅。寫詩與讀詩的樂趣也正在此。

首段的第一句很長，詩人除了要描述落日照大樓的景象外，也有圖像詩的功能，彷彿我們已看到落日中渥太華的那一棟高達廿層聳立的大樓了。另外，把落日說成悲壯，並一頭「撞」在廿層樓的玻璃帷幕上，頗令人想起古人的「夕陽無限好，只是近黃昏」的味道。

另兩句「噴池驚呼／濺起一池彩虹嘩然」，用巧妙的擬人格「驚呼」、「嘩然」和前句的「撞」字，形成這首詩美妙的三個詩眼，有了這三個詩眼，整首詩頓然就「活」了起來。

我們再來看一首〈尼加拉瓜瀑布〉：

伊利湖一腳踏空
於是萬頃奔雷崩裂
滿谷驚呼　墜星飛斗
長風激盪　霧起雪飄

有人說
這半邊瀑布屬加拿大
那半邊瀑布屬美利堅
我想
鷗白千翼
才是這裡的主人
右揮是雲
左揮是雨
一矢疾下　赴蛟龍邀約
而陽光的金絲髮如二月的鵝黃柳

孫家駿（中）與台客（左）賴益成（右）合影

你翩翩穿梭
又復扶搖直上

成語說：「好的開始是成功的一半。」用來說明這首詩，實在是非常的恰當。

首段，詩人以動態的方式來描寫尼加拉瓜瀑布，「伊利湖一腳踏空」，這個「一腳踏空」的意象用得好，由於「一腳踏空」，引出「萬頃奔雷崩裂」、「滿谷驚呼　墜星飛斗」「長風激盪　霧起雪飄」。簡直把尼加拉瓜瀑布的雄偉、浩盪活生生呈現在我們眼前。

相對於第一段，詩人於第二段則以「鷗白千翼／才是這裡的主人」、「而陽光的金絲髮如二月的鵝黃柳」、「你翩翩穿梭／又復扶搖直上」幾個柔美的意象來描寫鷗群及瀑布底下潭面的景緻。一剛一柔，一動一靜，構成了整首詩的協調畫面之美。

類似〈尼加拉瓜瀑布〉意象鮮活的詩，十八首中還有三首，分別是〈丹佛紅石露天音樂廳〉、〈蒙特婁聖母大教堂〉、〈畢林斯的小酒館〉，茲分別抄錄其中最精彩的一段共賞之：

也只有雷神才配在這裡擂動天鼓
也只有海神才配在這裡踏浪起舞
也只有雷母才配在這裡揮出掣光的手勢　拋出馳火的眼神
也只有風伯才配在這裡引吭高歌　飆飛那流星雨的袍裙
也只有雨師才配在這裡撥弦弄絲　潑撒萬斛珍珠　劈刷天韻

進得門來
還沒來得及端祥
就跟古典撞個滿懷
莊嚴肅穆拔地而起

——丹佛紅石露天音樂廳

一溜煙塵
我在此黃沙滾滾的小鎮
翻身下馬
拔槍
一腳踹開僅此一家小酒館的木門

——蒙特婁聖母大教堂

——畢林斯的小酒館

另外，「美加走馬」組詩中的〈想起紀弦〉，是一首應用十分成功的圖像詩，也值得一提，請看三段中的第二段：

尋尋覓覓
你究竟住在哪兒

仰望這座又高又瘦聳立多倫多天際的號稱世界第一的鐵塔
只道進了加拿大
終於見到您了

詩人孫家駿和紀弦是數十年的好友，此次他有機會前往美國，當然想和目前正旅居美國的好友紀弦見面，然而基於時間及其他種種因素卻無法如願，故他寫出了此首詩以誌之。「仰望這座又高又瘦聳立多倫多天際的號稱世界第一的鐵塔」是寫鐵塔也是寫紀弦，而筆者認爲，此詩若以如下齊的方式排列則更棒了：

尋尋覓覓
你究竟住在哪兒
只道進了加拿大
仰望這座又高又瘦聳立多倫多天際的號稱世界第一的鐵塔
終於見到您了

總之，孫家駿的這這組「美加走馬」旅遊詩，不論寫景或抒情，絕大部分都十分成功。可見詩人雖因種種原因而擱筆了一段期間，但他的詩藝並沒有因而退步。我們期待他在未來的歲月中繼續出擊。當然，若要有所挑剔，則筆者認爲某些詩中的分行或分段，應該可以再精緻些，就以此與孫兄共勉吧！

一九九九年元月

才情、真摯與童心

——曾美玲詩集《船歌》讀後

讀罷曾美玲寄來的一大疊厚厚《船歌》詩集詩稿，我的感覺是曾美玲是一位既有才情，又富眞摯情感與童心的女詩人。

曾美玲富有才情，從她就讀大學時即頻頻獲獎可以得知。我們都知道師大是全國最高學府之一，裡面人才鼎盛，臥虎藏龍，想要在其中出人頭地，何其難也？然而曾美玲卻兩度奪魁，既獲新詩獎，又獲童詩獎，可說她的才情在年輕時就已有極高發揮並獲肯定。

讀曾美玲的詩，也讓我對她詩中充滿眞摯情感與愛心而喝采！曾美玲的詩是屬於明朗的，明朗中卻又充滿繁富的意象，令人頗有目不暇給之感。讀曾美玲的詩如嚼橄欖，越嚼越甘，餘味無窮。我們試舉一首〈時間〉，來看看她的詩藝：

時間是萬能摺紙家
摺出一把金髮梳
梳白媽媽的烏絲

疊成一對銀蠟燭
燃盡爸爸的夢想
復把槐花輕輕疊
開在妹妹怒放的青春
最後，摺一艘小船
把我的喜怒哀樂
載向皚皚的彼岸

全詩十行，引用幾個比喻如「摺紙家」、「金髮梳」、「銀蠟燭」、「槐花」、「船」，就把時間的飛逝與無情在輕鬆與童趣中悄悄道出，讓人讀後悚然心驚，佩服不已。另外，後們再看一首〈背書包〉，這是曾美玲爲人母後，有一次送女兒上學有感之作：

「此刻／遠遠望著／瘦小的妳馱著／超重的書包／緩步走向清晨／幽暗的教室／像小小的蝸牛馱著／巨大的房子／背　愈壓愈彎／路　愈爬愈長／／多想伸手幫妳／肩上的負擔／全部卸下／但我只是望著　妳／默默隨校門口／許許多多／移動的蝸牛／背著天空／扛著自己的未來／愈走／愈遠」

讀完這一首詩，相信每一位做人父母的，心中都會有沈重的感覺，現代的學童，受升學壓力越來越重，每天書包裡背的書也越背越多，「像小小的蝸牛馱著／巨大的房子」，讀之，豈不令人心驚、慨嘆！

最後，我們再看看曾美玲的童詩，她大學時期的獲獎之作〈明天學校期末考〉、〈小婷婷〉，固然寫得童趣盎然，但我更欣賞她發表在葡萄園詩刊的一首詩作〈媽媽〉。這是一首意象極為生動、活潑而又頗富童趣的詩作，既可當新詩讀，也可當童詩讀，詩中第二段有這麼一節令人擊節讚賞的詩句，茲抄錄於後，以供欣賞，並做結尾：

媽媽是炎夏的池塘
游來游去
我與弟弟
游成三隻水鴨
呱呱

一九九五年二月

評賴益成童詩集《罰》

詩人賴益成一口氣出版了兩本詩集——《臨溪詩草》、《罰》。其中《罰》是一本童詩集，共收錄了七十八首作品，分爲六輯。

童詩，基本上是爲兒童而寫的。由於兒童本身的語文欣賞能力有限，故兒童詩除了應力求文字淺顯、意象清晰、段落分明外，最主要的是作者要有一顆童心。有了童心才能創作出具有「童趣」的好詩。兒童詩作者杜榮琛說：「好的兒童詩，大都擁有潛移默化的善、想像情趣的美、童言童語的眞等特質，不但大人看了很喜歡，小朋友欣賞了也喜愛無比。」準此，我們來檢驗賴益成在《罰》詩集中的表現。

在輯一中，我發現了兩首極具童趣的好詩——〈荷葉上的露珠〉與〈捉蛇〉。〈荷〉詩以擬人格表現露珠在荷葉上滾動終至匯集成一個大露珠的狀況，精采有趣。讀後，我們彷彿也看見了一群小朋友聚集在操場上，互相追逐、嬉戲的熱鬧情況。全詩如下：「一群小露珠／在荷葉上／追逐嬉戲／一不小心／撞得人仰馬翻／你看我／我看你／嘻嘻哈哈／笑成一堆／擁抱在一起」。

〈捉蛇〉一詩全文如下：『街上／跑出來一條蛇。／／「捉蛇！捉蛇！……」／大家團團將蛇圍住／卻沒有人敢伸手去捉牠。／／蛇趴在地面／一動也不敢動。／人愈聚愈多，／圈子愈縮愈小。／突然——／蛇抬起了頭，／哇！／圍觀的人全被嚇跑了！／連蛇自己也被／嚇跑了！』人們對於蛇總是懷著既好奇又害怕的心理，尤其是小孩子們，賴益成利用了這種心理，寫出了〈捉蛇〉一詩，活潑生動有趣，尤其結尾連蛇自己也「嚇跑了」，不知是人嚇蛇，還是蛇嚇人，精采。

童詩除了具有童趣之外，也應該有一些良好的啓示，以達潛移默化的教育功能。輯二的〈樹〉與輯六的〈父與子〉二詩便表現得相當成功。〈樹〉全詩如下：「我並不崇尚偉大／但我必須堅強的活下去／接受烈日的烤曬／因爲我要媽媽知道／她的辛勞沒有白費／我正一天天的茁壯」短短六行，借由樹的生命力，暗示小讀者接受生活考驗，順利長大成人，以報答父母的栽培與期盼。惟此詩之題目似應改爲〈小樹〉，較切合詩意。

〈父與子〉分兩節，第一節如下：「阿爸，夜深了！／望著您趴在工作檯上／每天辛勤工作漸漸衰弱的身軀／使我心中滿懷感激／想喚醒您／又怕吵了您的睡眠／只好拿件被單披在您的肩上。」第二節：「孩子，天涼了！望著你靠在書桌椅上／每天埋首用功漸漸消瘦的身子／使我心中一陣辛酸／想喚醒你／又怕吵了你的休息／只好拿件外套披在你身上。」綜觀全詩，藉由兩個相同動作，角色互換，表達父慈子孝的情境，令人印象深刻。

除了上述童趣的眞，潛移默化的善之外，童詩尚有一種想像的美。《罰》詩集中關於想像的美有很多首表現得相當成功，如輯一的〈夜裡的合唱團〉、輯二的〈燕〉、輯五的〈四季的容貌〉等。舉〈燕〉一首分析如下：「持著一把精巧的小剪刀／剪藍色紙爲天空／白色紙爲雲朵／青色紙爲山峰／綠色紙爲溪流／紅色紙爲太陽／一一／將天空浮貼／將雲朵浮貼／將山峰浮貼／將太陽浮貼／貼成一幅活動的剪貼畫　而後／也將自己浮貼在圖畫中／快樂地自由／飛翔」詩中藉由兒童剪貼的想像，把大地當成畫紙，燕子當成剪刀，剪貼成一幅青山、綠水、白雲的畫面，最後燕子這把會飛的剪刀，自由飛翔在美麗的山水圖畫裡，使原本靜態的畫面，變成活動的風景，充分表現了想像的美感。

讀完了《罰》詩集七十八首，雖然發現相當多表現精采的詩篇，但很遺憾也發現了一些表現不盡理想的作品。兒童詩作者林武憲曾說：「兒童詩是以兒童的觀點來看世界，表現兒童的見解和心聲，是童心、詩心與愛心，想像的結晶，不是降低水準的成人詩，也不是回憶童年的詩。」《罰》詩集中有一部份便是作者回憶童年的詩，如〈夢裡的呼喚〉、〈風箏〉、〈童年與爺爺〉等，基本上都是成人的感情，非屬兒童詩。另外像〈釣〉、〈天上燈火與人間燈火〉、〈寫詩與修車〉等，在技巧表現上不是意象平凡，就是比喻欠準，無法令人產生眞善美的聯想。

最後筆者在《罰》集中也發現兩首精采的短詩，分別是輯四的〈蠟燭〉與輯六的〈海棠葉〉。〈蠟燭〉全詩如下：「所有的奉獻／所有的給予／都是淚／血的交織」〈海棠葉〉全詩如下：「原本鮮綠的／海棠葉／竟滿佈絲絲斑紅的／血跡！」基本上這兩首精采的小詩也應列入成人詩，而不應該列入童詩集，不知賴兄以為然否？

一九九二年二月

葡萄園詩刊同仁聚會合影。前排左起晶晶、許運超、文曉村、周煥武、魯松、王碧儀。後排左起台客、商殷、吳淑麗、杜紫楓、賴益成、文林。（2004 年）

明朗詩風的實踐者

——瘦雲王牌《雜詩雜吟》讀後

一次偶然的機會，在一位詩人家中的書架上，發現了瘦雲王牌的《雜詩雜吟》詩集，順手抽出來翻閱，隨意瀏覽了幾篇，感覺相當不錯，即向友人借回家中，準備仔細閱讀。

返家後，在一個寧靜的夜晚，我沏好茶，打開詩集，仔細欣賞、品讀。《雜詩雜吟》詩集裡詩句散發出來的靈慧與清香，深深吸引著我，逼使我不停地一篇篇閱讀下去。從卷首墨人先生「序——賀瘦雲王牌六十」，到卷尾白丁、汪洋萍、文曉村等的評介，幾乎是一口氣讀完。讀完後心裡的感覺是——眞好，這是一本表現相當傑出，值得一讀的好書。

讀其詩而不知其人，可乎？要評介瘦雲的詩，讓我們先來瞭解一些瘦雲這個人。瘦雲王牌，本名王志濂，民國十八年生，十六歲即代兄入營，服務軍旅近廿年，官至砲兵少校，擔任連長、作戰軍官等職務。退伍後從商，先後創辦「濂美出版社」、「濂濂企業有限公司」、「王牌畫城」及「中國詩書畫雜誌」等事業，並曾主編、出版「當代情詩選」、「中華民國新詩學會會訊」及「永恒的懷念」等書。

一般詩人、作家的筆名都是兩個字，且都取溫文儒雅的名字，然而王志濂先生的筆名竟有四個字，令人甚感納悶，尤其「王牌」二字似有誇大之嫌，令人不解。其實只要你讀到《雜》詩集裡的解說，也就恍然大悟，原來「王牌」二字是由紀念大陸家鄉的一座「王牌垸」而取的，至於「瘦雲」二字，則是因為得悉家鄉王牌垸已被拆除，自感已身如「無枝可棲／無山巒可以駐足／我是一片瘦瘦的雲」而取的。「瘦雲王牌」，明乎此，則知其取此名所代表的涵意。

做為一個作家、詩人，瘦雲的出道甚早，民國卅八年廿歲即開始寫稿，選在《雜》詩集裡最早的一首〈橋〉，即寫於民國四十年。可惜瘦雲似乎「雜事」（多在海南及大小金門戰地，帶兵作戰）太多了些，從民國四十年至五十三年，十三年時間中僅交出了輯一《戰歌戀曲》中的四十二首詩，平均一年三首，似乎太少了些。民國五十三年至六十八年間，瘦雲因自軍中退役，被生活所迫，四處奔忙，無暇寫詩，整整中斷了近十五個年頭。六十八年後，由於生活較為穩定，才在詩友的鼓勵下，重新創作。輯二《雜詩雜吟》、輯三《詩魂詩人》，輯四《花鳥蟲魚》、輯五《我將再戰》都是這時期的產物。可以說，民國六十八年至七十八年這十年間是瘦雲的創作高峰期，七十九年後，由於腦疾與心臟方面的毛病，瘦雲事實上已幾近停止創作狀態。

綜觀瘦雲數十年來的詩作，一貫保持明朗可感、意象清新的風格，讀來頗覺愉快，這也是促使筆者不計譾陋，撰寫此文的原因。

我們都知道，新詩自五四胡適先生解放舊體詩，出版《嘗試集》以來，即倍受爭議。蓋新詩漫無限制，一首詩作者愛寫幾行即寫幾行，每行愛用幾個字就幾個字，既不用顧慮到句中的平仄，也不用考慮押韻問題。尤有甚者，台灣方面，自民國卅八年國民政府播遷來台，由於政治的因素，斬斷和大陸方面的聯繫，一些大陸來台詩人在縱的繼承方面無法獲得資訊後，轉而主張橫的移植，大量引進外國過時的所謂超現實、存在主義、象徵派等極度晦澀的東西，使得當時詩壇上陷入一片愁雲慘霧之中。詩人寫的詩，詩人本身無法自圓其說，更遑論學者、教授或一般讀者。於是越來越不耐煩的一些學者和教授，不但紛紛爲文批評新詩，甚至更全面否定新詩，終於，在六、七十年代，曾不止一次引發現代詩的論戰。論戰之後，有些詩人開始省思，逐漸調整步伐；有些詩人則依然故我；另有一些則乾脆放下詩筆，另謀他就。

然而，當我們讀完《雜詩雜吟》裡的詩篇，除了感到一股清明的暖流直灌心田外，找不到一絲當時流行的怪異、晦澀、令人無法理解的詩句。他的詩始終一以貫之——明朗、精煉、比喻優美，讀後令人餘味無窮。這或許和他從不加入任何詩社、流派，個性又率直、爽朗有關。

瘦雲之詩，所以令人喜愛，筆者分析，大約有以下三點原因：一、篇幅不長。二、詩句精煉。三、意象精準。我們試逐一分析如下：首先，篇幅不長。好詩在精不在多，眞正出色的詩，三、五行也自成篇，即使稍長，十幾廿也就夠了。反而那些長篇累贅動輒數十、數百行以上的長詩，令人看了先倒抽一口冷氣，要把它從頭到尾讀一遍，可眞要有些時間和勇氣（偏偏現代人最缺乏這兩項）。瘦雲的詩大部份都控制在適當範圍內，甚至輯四的《花鳥蟲魚》，刻意以兩段四行的手法表現，深深擊中讀者的要害。其二、詩句精煉。前面說過，新詩體漫無限制，然而詩是所有文學最美的一種，要讓人產生美感，除了苦心經營詩中意象、意境之美外，詩句是否精煉，詩行、詩段間是否搭配得宜、飽滿，也有很大的關係。一首詩，詩句上下胡亂跳動、排列，詩段間彼此胖瘦不一，在視覺美上首先就令人產生不愉快的感覺（當然像豆腐乾般的切割整齊、硬湊韻腳的東西，也令人厭煩）。一首好詩，除了注意詩中意象、意境之美，詩句是否精煉外，也要利用各種如重疊、擬聲、內韻等手法，以使詩產生更多的音樂性、節奏感等。瘦雲的詩，大抵作到了詩句精煉的階段，甚至某些篇章中也有自然產生的音韻與節奏，令人欣賞起來，相當愉快。最後，談意象精準。寫詩要用比喻，不管是明喻、暗喻、象徵或各種手法，但一定要比得讓人有跡可尋，且很樂意去「尋」去「感」，否則這首詩就不是成功之作。瘦雲很多詩中，運用的各種比喻，令人欣賞起來，就有這種「很樂意去尋」的感覺。

我們試舉兩首，以證明筆者上述的看法，首先看一首〈太平間〉：

沉默而冰冷的門。
門門
門門
門，冰冷而沉默。

這邊，白衣人來回忙碌著，
那邊刀、叉、鉗、鑷忙碌著，
死神卻倚靠在房屋一角，
摸著下巴，
吃吃、吃吃地竊笑著。

前段四行，詩人將門的形象和個性「冰冷而沉默」表現了出來，而其實這四行詩排列的就是一個大「門」字。後段寫醫生和護士忙碌著，死神卻氣定神閒的站在房屋一角，摸著下巴，吃吃而笑，令人不寒而慄。尤其

台客在中央圖書館台灣分館舉辦「石與詩的對話」展和與會貴賓合影（1998 年）

「摸著下巴」一句，把死神形象化了，可說是神來之筆。

讓我們再看另外一首〈芙蓉的神話〉：

傳說，久遠久遠以前

一群群仙女在雲端嬉戲、翩舞

忽然，一聲霹靂

一個個嚇得跌落下雲端

變成今日花園中

千朵萬朵的芙蓉

芙蓉是一種花，我們常常以「芙蓉仙子」成語喻相貌、資質優雅的女子。瘦雲以此靈感入詩，比喻精準，想像生動，令人欣賞。詩在精不在多，在此又得到一證明。

另外，值得一提的，瘦雲的詩中除了上述三項優點外，「幽默」一項也頗值得注意。瘦雲的藝術觀主張幽默（他曾主編過趣味生活雜誌，並曾寫過很多頗富幽默的文章），在詩的創作某些篇章中，他也不忘實踐。寫幽默、自嘲詩，詩壇大老紀弦是個中高手，瘦雲似乎也頗得箇中三昧，例如在〈五十生日偶感〉中他寫道：「生肖屬蛇，總是／妄想騰雲駕霧／喚雨呼風／化成一條龍」「翻滾又翻滾／昇騰復昇騰　且／昂首傲嘯／引頸長吟……／最後，依舊摔落地上／招來一陣哄笑」我們就可見到他幽默感十足；在〈啊！海浪〉一首的附言中他說道：「小女就讀的學校詩歌朗誦比賽，她要我寫一首詩交她參加朗誦，倖獲第一名。她不但不感謝老爸，還嚷著要我請客犒賞。天下寧有此理乎？」我們也可以欣賞到他的幽默感。當然，《雜詩雜吟》裡也並非篇篇佳構。有些詩篇由於構想時未能仔細推敲，意象較弱，如〈人類宣言〉、〈大陸、我的母親〉、〈送別〉等，都有美中不足的遺憾。

《雜詩雜吟》共蒐錄了瘦雲近四十年來的詩作一百卅五首，由青少年的浪漫情懷，中年踏入社會的艱苦奮鬥，到如今兩鬢飛霜的成熟與豁達，全部收集在這本詩集之中。瘦雲王牌在扉頁中題到：「非作家、非詩人／非音樂、作曲家／非藝術、評論家——一個小人物遊走大時代的部份聲音與足跡。」然而，當筆者讀完「王牌三雜」——《雜詩雜吟》、《雜文雜說》、《歌詞與朗誦詩》之後，不禁要說一聲，瘦雲王牌眞是一位多才多藝的「雜家」。

近十年來，瘦雲王牌患了一種醫學上無法查出的暈眩症，最近又患心疾，幾乎完全中斷寫作，令人遺憾。我們期盼在醫學發達的今天，早日檢查出瘦雲的眞正病因，對症下藥，讓他能恢復健康，再創作出一首首優美、動人的詩篇。也期盼他的「三雜」能夠早日再版或出一自選集，讓更多的人讀到他明朗、健康、又頗富機智與幽默的文章與詩篇。

一九九三年五月

從感動出發

——賞析謝輝煌的兩首新詩

賣豆漿的老鄉

屈附於高牆的腳邊
搭一個沒有招牌的棚子
豆漿在棚蓋下煮著騰騰的熱情
迎接嶄新的早晨

磨過槍林彈雨的手
磨了黃豆又麵粉
把串串異鄉的午夜
磨得乾乾淨淨

太陽的金磨
也在棚子上磨來磨去
好多年了！就是磨不掉
那一口越聽越濃的鄉音

這首詩是詩人謝輝煌於數年前寫出，曾發表於中央日報海外版副刊，後又收入中副叢書中。筆者於一次偶然機會在圖書館中借得此書，閱到此詩時，甚爲激賞，遂將它抄在筆記上。此詩相當明朗、曉暢，描述一位曾在槍林彈雨中轉戰四處的老鄉，如今退役後，爲生活所迫，不得不做個小生意——賣豆漿。因爲是小生意，所以只能「屈附於高牆的腳邊」，只能「搭一個沒有招牌的棚子」。但是豆漿在棚蓋下仍然是「煮著騰騰的熱情」。這個「熱情」兩字用得好，既寫出了豆漿熱騰騰的樣子，也說出了主人「熱情」的招待前往的顧客情形。首段末句「迎接嶄新的早晨」，不說「迎接光顧的客人」而說「迎接嶄新的早晨」，這是一種詩的實以虛寫的手法，相當高明。

「磨過槍林彈雨的手／磨了黃豆又麵粉」昔日年輕爲國征戰，南北奔波，在槍林彈雨中，僥倖保全了性命，但兩隻手不免因爲操勞而經常磨出厚厚的繭，而如今這隻手只能「磨了黃豆又麵粉」。所謂好漢不提當年勇，所謂大丈夫能伸能屈，這兩句詩大概就是最好的寫照吧！

「把串串異鄉的午夜／磨得乾乾淨淨」，遊子在異鄉，尤其午夜夜深人靜時，最是撩人愁思，而藉著磨黃豆和麵粉的不斷工作，把串串惱人的午夜愁思，磨得乾乾淨淨，哀哉！這個「磨」字，有磨黃豆、麵粉的意思，也有消「磨」時光的意思，用得很妙！

最後一段，「太陽的金磨／也在棚子上磨來磨去」，「太陽的金磨」這個意象用得甚好，前段是人用磨子在磨著黃豆、麵粉，此段太陽的金磨也磨著人的歲月，兩相比較，詩美與其深刻的涵意頓生。結尾「好多年了！就是磨不掉／那一口越聽越濃的鄉音」古人說：「少小離家老大回，鄉音不改鬢毛催。」歲月會改變人的形象，但鄉音則至死無法改變。老鄉，老鄉，詩題「賣豆漿的老鄉」，至此表現無遺。

此詩之所以讓我們深受感動，是詩人謝輝煌以其深刻的筆觸，成功的描繪出了一個大時代中的小人物，這個小人物是我們熟悉的，也許他就在你我的四周，也許我們還經常光顧過他的豆漿店呢！只是我們都沒有謝輝煌這份識見與詩藝，無法將所感受的感動表現出來，而謝輝煌做到了，值得贊賞。

路過龍駒營房

卅年前
曾在牆內種克難地瓜

卅年後
路過牆外演識途老馬
豎起腳跟
認不出一張熟悉的臉
只見老榕樹的長鬍子
仍舊在崗亭角邊
盪著寒來暑往的鞦韆

這首詩發表於葡萄園詩刊一一七期，並有後記：龍駒營房位於桃園八德更寮腳，一九六一年秋曾駐，卅年後，重遊舊地，韶華秋老，幸生無事，惟有一份「縱有長條以舊垂，亦應攀折他人手」的輕喟，乃成此詩。

這首詩亦相當曉暢、明朗，尤其是詩行中採取自然的押韻，可吟、可誦，讀來令人倍覺愉快。由這首詩及後記，我們知道詩人謝輝煌年輕時曾隨部隊駐紮在此——龍駒營房，也許呆過一段不算短的時光。卅年前，大環境普遍艱困，部隊為求福利，只好自力更生，官兵們皆要種菜、養豬、養魚，而詩人更曾在這裡種過「克難地瓜」。當然這是一段難忘的回憶，卅年後路過舊地，憶及此事，心理上不免演出一陣「識途老馬」。

「豎起腳跟／認不出一張熟悉的臉」，因爲人在牆外，故只能「豎起腳跟」，豎起腳跟想看看是否找到一、兩位熟人，卻「認不出一張熟悉的臉」，正在愁悵之際，「只見老榕樹的長鬍子／仍舊在崗亭角邊／盪著寒來暑往的鞦韆」。古人說：「景物依舊，人事全非。」正是上述三句詩最好的寫照。而詩人用老榕樹的鬍子盪著鞦韆的景象，也頗有以物喻人的深意。

一九九四年五月

謝輝煌、台客、汪洋萍於台南縣曾文水庫合影（2004 年）

俚語也能入詩？

——兼賞析單國武〈城樓〉一詩

俚語者，淺俗粗野之語也。淺俗粗野之語者，口語或許會經常聽到，小說中之對話，爲求人物逼眞，偶而也會用到。至於散文與詩爲求語詞文雅，則絕少用到，尤其是詩。詩是詩人以最精煉的語言，表達心中最深沉、感動的思想，字斟句酌，苦求詩句之完美而不足中何能用「俚」？當然時至今日，現代詩百花齊放，百無禁忌，或許你在一些所謂性詩、電腦詩、後現代詩、前衛詩等等讀到一些佶屈聱牙，極度不雅的詞句如「自慰」、「射精」之類的，實也不必太驚訝！只是，似乎還眞難找到一首用詞不雅到令人贊賞且認爲十分有必要的詩。好不容易，筆者在葡刊一三四期中找到了一首，故樂於在此提出賞析一番，以就教於詩家們。

首先我們來看全詩：

城樓　　單國武

城樓上曾招動一只蒼老的巨手

年青人和年青人高昂著頭
　踮起腳　向它奔跑　向它傾倒
我們的民族就這樣失落了十年重心

後來　城樓下搖過一只不老的小手
彷彿晃過一棵搖錢樹
醒悟過來的人們都匆忙低下腰
急喘著爭搶每一枚實在的銅板

現在　掏點錢就可以上去招搖
但是　誰他媽理你

〈城樓〉一詩基本上是屬於隱得十分明朗的好詩，「蒼老的巨手」、「不老的小手」，只要對中國近代史稍微有所了解就知道它指的是誰。「踮起腳　向它奔跑　向它傾倒」一行詩，把文化大革命青年人的盲從、激進與失落都包括了，讀起來令人拍岸。第二段也寫得很傳神，「醒悟過來的人都匆忙低下腰／急喘著爭搶每一枚實在的銅板」，藉一個動作，把鄧小平十年經改大陸人民不論男女老少、士農工商，紛紛急切下海撈錢的景象寫活了。

緊接著最後也是最重要的一段「現在　掏點錢就可以上去招搖／但是誰他媽理你」隨著時代變動，如今所有巨人、偉人都已逝去，社會上百花齊放，百鳥爭鳴，誰也不服誰。原本在專制時代，十分神聖莊嚴的城樓，如今也顯得那麼無足輕重，令人深深感嘆。「誰他媽理你」，既宣洩了詩人不滿的情緒，也對那個逝去年代所謂巨人、偉人的反思。此句若把俚語略去改為「誰理你」，則顯得語氣十分萎弱，結尾不夠生動有力。故筆者要說這「他媽」的二個字用得十分恰當，十分有必要。雖說是一句粗野的語詞，但用到此處，則顯得十分「文雅」。

一九九七年八月

評佈谷的〈如果燈火已經熄滅〉

〈如果燈火已經熄滅〉是一首長卅四行的新詩，發表於葡萄園詩刊一二二期，作者是河北省的詩人佈谷。由於這首詩意象運用貼切，全詩感染力強，筆者初讀到時深爲喝采，此後再三閱讀，仍然認爲這是一首在藝術手法上表現相當成功的新詩，故樂於在此爲文評介。

〈如果燈火已經熄滅〉，這個「燈火」當然是指詩歌的燈火。我們都知道，一個國家如果政經發達，社會安定，人民生活富足，代表文學藝術的詩歌必然昌盛，反之則否。準此，我們試看中國大陸目前的狀況，鄧小平的十年經改雖已有成，但由於政治意識、價值觀念的丕變，大家一切向「錢」看。大學教授固可以放下身段兼差當小販，年輕女學生也可以放下課業去做貨腰女郎。這是一個社會嚴重脫序，笑貧不笑娼的世界，就連詩人最後也禁不起誘惑，紛紛「下海」經商，放棄心中的理想。悲哉！如果燈火已經熄滅。如今大陸的詩歌，就像風雨中飄搖的一盞燈火，如果再有一陣強風襲來，就將悄悄地熄滅。

撰此文之前，筆者曾去函詩人佈谷，詢問他撰寫此詩的動機，承他來函告知：「一個傍晚，我攤開稿紙，但想不起該寫些什麼。這時弟弟走過來拿出報紙唸道：某日在從杭州至溫州的汽車上，一少女在衆目睽睽之下被一暴徒強姦，車上十餘位乘客無一人出面阻攔……我被震住了。此時，忽然停電，處在一片黑暗中。十餘分鐘後，詩句在我心中撞擊，點上蠟燭，這首詩便牽著我的筆濺了出來。……」由此我們知道，這是一首眞正有感而發的詩篇，就如滿溢的湖水不得不宣洩，爆發的火山不得不噴吐，詩人漲滿心胸的「痛」，藉著詩歌這條管道源源宣洩出來，眞是水到渠成，一氣呵成。

讓我們來看看這首詩的內容吧！首段三行「如果燈火已經熄滅／我們怎樣安頓自己，在昏闇的房屋中／手中的詩歌能不能點燃」，已點出詩人的困惑，如果燈火已經熄滅，詩人應當如何自處呢？

第二段「如果燈火已經熄滅／受傷的小鳥誰來幫助／受傷的花朵誰來幫助，受傷的心靈／誰來幫助？／而我日漸沒落的家園／失學的孩子，落水的少年／街頭的無業者／汽車上遭到凌辱的，我柔弱如水的妹妹／又有誰來拯救？」此段提到的社會現象，只要到過大陸或對大陸情形稍微瞭解的人，都知道這都是目前大陸上最嚴重、普遍的社會問題，尤其是「街頭的無業者」，筆者兩度旅遊訪問時曾經在幾個大城市上目睹，感受最深。

第三段「需要抑制的物慾、貪慾、淫慾／需要抑制的災難：／東北的水災、江南的洪水／以及更爲迅烈的／人口爆炸、環境污染、性病賣淫吸毒／拜金主義／床笫與金幣的交易／錢和權的交易／貓與鼠之間的交易……」此段更由單一的社會問題，擴大到國家整體的政、經人口等問題，大陸連年天災、人禍不斷，數以千萬計的老百姓流離失所，貧困交迫，這些都是目前大陸一般的現象，豈不令人痛心。此段前幾句以迫切而憂心的口吻，提出一連串急待改革的弊病，令人怵目驚心，後面三句則巧用隱喻、對比的方式提出，令人產生更深的聯想，詩的張力也更深。

第四段「拜金的年代是墮落的年代／如果燈火已經熄滅／我們貧瘠得只剩下詩歌／徒勞的、蒼白的、無力的／詩歌／燈火熄滅是不是最後的淪喪／舊日的英雄均已遲暮，安能飯否？／當年的志者都去經商／誰去磨劍，保留良知和心靈？」此段道出詩人的感嘆，拜金主義盛行的社會，大家紛紛向錢看，即使是最富理想色彩的詩人們也禁不起誘惑，放棄寫詩，下海淘金，這確是當前大陸的趨勢，令人慨嘆與憂心！

末段「我們的呼喚猶在堅持／誰是那新生的英雄／誰是那振臂的歌者／誰是那打馬行來的少年？／如果燈火已經熄滅」此段是詩人的自勵也是呼籲，儘管這個社會是如此的充滿功利，如此的不堪，然而只要人心不死，我們仍然需要詩歌來安頓我們的靈魂。此段讓我們於絕望中，似乎又見到了一絲希望。

最後，我要稍微談談本文的作者，佈谷，本名李浩，河北省海興縣人，現任職於該縣文化館，滄州師範美術班畢業，是一位多棲作家，除寫詩外，也寫小說、散文等，是中國大陸年輕一代的新銳作家，我們期望他更加努力，將來在文學造詣上取得更大的成果。

一九九五年五月

一首難忘的好詩

——評小桑的〈寫給親娘〉

好詩不厭百回讀，一首眞正的好詩，讀過之後總是令人印象深刻，持久縈繞在腦海裡，無法忘記。

讀詩，讀到一首好詩，是一種享受，也是一種樂趣，這種心靈的享受與樂趣，是其他再多物質也無法取代的。

多年來，筆者有一種習慣，即是將讀到認爲印象深刻的詩，抄錄於筆記簿上，以便有空時，隨時拿出來反覆閱讀，其樂無窮。

最近在葡萄園詩刊一二八期，筆者就讀到了一首相當感人的好詩，這是大陸年青詩人小桑所寫的〈寫給親娘〉一詩。

〈寫給親娘〉一詩，全詩共分三段，除第一段爲七行外，餘二段皆爲八行。這是一首詩人爲懷念逝去的母親而寫的詩，由於情感眞摯，意象新穎，讀後令人久久難忘。故樂於在此評介一番。

首先我們看第一段：

娘，已是冬天了
異鄉的天空下我
縮成一隻瘦瘦的企鵝
立在冰天雪地的北極
企盼你親手做的棉衣
你密密的針線
沾滿灰塵的笑意

「異鄉的天空下我／縮成一隻瘦瘦的企鵝／立在冰天雪地的北極」這幾句意象用得極好，把一個遊子漂泊在異鄉無依無靠徬徨的心情寫活了。「沾滿灰塵的笑意」則若不讀到第二段，無法了解，爲何母親的笑意會沾滿灰塵呢？原來是指母親已經逝世，笑意也日漸模糊，如沾滿灰塵般。

再看第二段：

娘，已是冬天了
深深的土地下你
睡成一束樸素的麥穗

你冷嗎，冰涼的地下
還在想那個東顛西跑的孩子嗎
還在想給他做棉衣
給他縫手套
給他擦去思鄉的淚珠嗎

「深深的土地下你／睡成一束樸素的麥穗」以「樸素的麥穗」此一印象形容母親躺在棺材裡的景象，十分貼切，令人印象深刻。母親雖然已經逝世，然而詩人幻想活著時的情景，時時掛念東顛西跑的孩子，給他做棉衣，給他縫手套，給他擦去思鄉的淚珠，然而這些在現實生活上都已不可能了，因爲母親已經逝去，睡在「冰涼的地下」，讀到最末一行「擦去思鄉的淚珠」，令人有一種泫然欲泣的感覺。唐孟郊的詩：「慈母手中線，遊子身上衣。臨行密密縫，意恐遲遲歸。誰言寸草心，報得三春暉。」曾令萬千遊子感動。然而彼詩中之慈母至少還在，遊子尚能盡報答之心，而此詩則慈母已然做古，報答無門，其悲痛則更甚之。

再看末段：

娘，我好喜歡這樣的天氣
冷冰冰的，是你一年四季都品嚐的氣息
娘，漂泊的我

又翻出了那件舊棉衣
穿行於冷風與人群
寫著滾燙的詩句
給咱們空虛而寒冷的土地
給土地下寒冷的你

讀完了這一段，眞令人想好好的抱著作者痛哭一番，「娘，我好喜歡這樣的天氣／冷冰冰的，是你一年四季都品嚐的氣息」此兩句用反喻的語氣，道出母親埋在地下的苦境，令人感同身受。穿行於冷風與人群中，寫滾燙的詩句，給土地下的母親，則表現詩人對詩的執著，惟有藉著寫詩，才能稍稍驅除心中那一股對母親與日繼增的懷念之情。

最後筆者要談一下本詩的作者。小桑，本名吳曉東，又一筆名爲小艾，今年廿三歲。去夏剛從安徽蕪湖師專中文系畢業，目前教學於臨泉縣書寨中學。據小桑來信中告知，他寫詩深受其父親影響，數年來雖已在大陸大小詩刊發表詩作卅餘首，但都不甚滿意。他並不刻意要成爲詩人，只是在生活中遇到困境、挫折，不得不一吐爲快時才坐下來寫詩。我們恭喜小桑，寫出這麼一首意象深刻、令人感動的好詩，也期望小桑在未來的歲月中，加緊努力，寫出更優美的詩篇。

一九九六年二月

我讀喬洪的〈溪頭印象〉

〈溪頭印象〉是詩人喬洪發表於葡萄園詩刊第一三一期的一首詩，共四段十七行，寫得十分成功，讀後令人印象深刻，故筆者樂於在此賞析一番，以就教於先進。

在賞析此詩之前，首先要對詩題有所瞭解，〈溪頭印象〉對於台灣的詩友們來說，當然非常清楚。但對於大陸及海外等的詩友來說，則可能不太瞭解。「溪頭」是指風景點？位於何處？亦或指哪條溪之上游？其實溪頭是台灣中部南投縣的一處有名風景區，筆者隨意翻閱書架上的一本台灣旅遊手冊中介紹如下：「溪頭位於鹿谷鄉的鳳凰山麓，屬於台大實驗林場。區內林道四通八達，茂竹修林，且種植紅檜、銀杏、扁柏等珍貴樹種是一處理想的森林浴場。遊樂區內的風景包括大學池、神木、孟宗竹林、苗圃、竹類標本園等，風景怡人……」

瞭解了詩題之後，讓我們來看看喬洪在詩中的表現。首段：

整座山的綠色族群
紛紛以筆直的蒼勁
衝上雲霄

與天空對談

旅遊者一進入溪頭風景區，首先發現與讚嘆的一定是那一棵棵高聳入雲的檜木群等，喬洪也不例外，而他以上面短短四句詩，就把這些感覺表現得淋漓盡致。「紛紛以筆直的蒼勁／衝上雲霄／與天空對談」，「衝」字用得好，「對談」則更妙。「對談」二字一出，全段詩意盎然，此二字堪稱「詩眼」。

再看第二段：

氣溫冷冽的春三月
縱有突如其來的太陽雨
亦洗滌不去朝山者
雙肩沾滿的涼意

從詩中我們可以知道，喬洪一行人等是三月份前往溪頭旅遊。台灣三月，時序雖已進入春天，但猶是春寒料峭，尤其是高山之上，雲層厚時突然來一陣雨，氣溫驟降，雲層散去，則陽光又露出它可愛的笑臉。故喬洪說「太陽雨」「洗滌不去朝山者／雙肩沾滿的涼意」。此段把溪頭三月多變的氣候，以詩的手法，表現得十分貼切。

再看第三段：

悠然自得的錦鯉像夢幻之舟

停泊在斑剝的拱橋下吞食著日月
倒映在池水中明亮的樹影
不理造訪者熙熙攘攘的腳步聲

溪頭最有名的一處風景點是大學池。此池池水清澈，錦鯉等成群悠遊於水上。池上搭有一座竹製拱橋，十分富有雅趣，可供遊客步行其上並攝影。喬洪此段顯然是寫大學池的景色。「悠然的錦鯉像夢幻之舟／停泊在斑剝的拱橋下吞食著日月」把錦鯉形容爲「夢幻之舟」，在斑剝的拱橋下「吞食著日月」，大學池風景的寧謐與幽靜盡出，令人擊節讚賞。「倒映在池水中明亮的樹影／不理造訪者熙熙攘攘的腳步聲」，此二句則更加強了前兩句的效果，把大學池風景的清幽與山光水色表現無遺。

再看最後一段：

大花曼陀羅與繡球花相約走入春天
好似鰜鰈情深的愛侶早已決定
要乘著孟宗竹一路傾斜的風速下山
且試圖以山城的那輪落日去結束
整個事件的緣起

此段描寫溪頭的其他風景點，「大花曼陀羅與繡球花相約走入春天」此句寫得十分富有特色，彷彿我們已看到曼陀羅花與繡球花在溪頭的花圃上競相開放，十分燦爛耀眼。「要乘著孟宗竹一路傾斜的風速下山」也十分好，讓人感到溪頭沿途的孟宗竹多且綿延不盡。

讀完全詩，筆者唯一感到遺憾的是，前三段都是四行一節，最後一段卻變為五行一節，破壞了全詩的統一美，殊為可惜。另，末段的若干詩句總感覺有些拖泥帶水，似乎可以修改得更好些。若果，則此詩就近乎完美了。

一九九六年十一月

海峽彼岸知名詩評家古繼堂夫婦訪台，前來台客家中小坐（1995 年）。左起賴益成、台客、彭正雄、莫野、古繼堂夫婦、麥穗、文曉村。

享受讀詩的樂趣

——評麥穗的〈雨滴在淺窪裡〉

從笠詩刊第一八七期讀到一首詩人麥穗的詩〈雨滴在淺窪裡〉，深爲讚賞。這是一首旨近托遠，言外有言的好詩，引發人多邊的想像，也讓人充分享受到讀詩的樂趣。筆者不才，遂忍不住拿起禿筆，試爲此詩析釋一番。

全詩如下：

雨滴
在映照著滿天陰霾的淺窪裡
以敲打樂的姿態
一滴一個水渦
製造一片鬧熱

小小的淺窪中

上演著一齣
水珠與水珠相互撞擊
漣漪與漣漪相互排擠
波紋與波紋相互扭曲
的醜劇

雨珠雖不理會這些
依舊認眞地敲出一個水泡
卻又被另一顆雨滴
擊個粉碎

此詩雖明寫雨滴，然而卻另有所指，究竟指的是什麼呢？詩人不願言明，讓讀者循著脈絡去想像、去馳騁，這也是讀詩的樂趣。當然詩人提供的脈絡必須是清楚的、有跡可尋的，若支離破碎，字句與字句間不相隸屬，段落與段落間不相關聯，則是一首失敗之作。時下之詩集、詩刊中有太多這種失敗之作，有些甚至是詩人爲掩飾筆下的空洞與蒼白而刻意爲之，令人生厭。

那麼〈雨滴在淺窪裡〉，詩人究竟要表現或諷喻些什麼呢？從字面上看，雨滴是從天而降的東西，瞬間即滅；淺窪則是臨時的貯水池，可能雨後不久即消失。這兩樣事物都是短暫的，然而在這短暫的事物上卻上演了一齣齣的鬧劇、醜劇，「只見水珠與水珠相互撞擊／漣漪與漣漪相互排擠／波紋與波紋相互扭曲」，這又令人想到了什麼？是人生的短暫，人世間爭名逐利的幻滅？是近年來我們偉大國家的國會生態？還是台海兩岸的陽謀、陰謀，至今猶紛擾不息？總之，不管從任何角度去想，都讓人深有所思。

一首成功的好詩，如浮在水面上潛水艇的一小部分，誘發人多邊聯想，麥穗的這首〈雨滴在淺窪裡〉，應用寫詩的最高手法——象徵，就是最好的證明。

一九九七年六月

海峽彼岸學者、詩評家王常新訪台攝於烏來（1995 年）。
左起麥穗、王常新、台客、文曉村。

我讀《香港魂》

讀完了香港詩人孫重貴的詩集《香港魂》，彷彿前往港、澳、大陸及東南亞各地遊歷了一趟，如今人雖已安返原地，卻對那些優美的風光，久久難以忘懷。

這是一本印刷得十分精美的詩集。

這是一本詩與攝影相得益彰的詩集。

這是一本作者歷經十五年時光，四處旅遊、攝影、撰寫的作品選集。

這是一本讀了令人愛不釋手，讀了就想把全書一口氣讀完才過癮的書籍。

・・・

《香港魂》共分成八輯，收詩作一五一首，前六輯絕大部份是描寫香港的。

・・・

詩人孫重貴原籍爲貴州省貴陽市，自幼酷愛文學，一九八二年離開生長了卌六年之久的故鄉，「跨過羅湖橋，移居南海之灣的國際大都市香港」（見書中自述）。從此落籍香港，十五年來生活於斯，奮鬥於斯。在經濟方面稍稍取得立足之地後，立即拿起詩筆和攝影機，重拾他的文學夢。十五年來他走遍了香港的各大街小巷，以他對香港飽含的熱愛與感情，加上文學藝術修養，創作出了一首首優美的詩篇。題材之廣泛，內容之深入，可以說如今在香港有「香港詩俠」、「香港當代徐霞客」美譽之稱的孫重貴，並非浪得虛名，而是有「書」爲證。

・・・

「香港詩俠」孫重貴，不但以他飽含感情的詩筆寫出了對香港一花一草一木的熱愛，酷好旅遊的他，更利用時間悠遊神州大陸及世界各地，且以同樣生動的妙筆，寫出了一首首令人激賞的山水詩作。收錄在輯七、輯八的五十首詩作，每一首都像一個精緻玲瓏的玩物，令人久久把玩，不忍釋手。像〈長城〉、〈秦兵馬俑〉、〈鹿回頭〉、〈美斯樂〉、〈馬六甲三寶井〉等等。

如今，雖然他爲紀念香港百年回歸的《香港魂》一書已出版，但顯然他的旅遊山水詩並未因而終斷，他將繼續他的最愛，到世界各地旅遊，並繼續創作出一首首膾炙人口的好詩。葡萄園詩刊一四〇期就發表了他的兩首旅遊台灣而寫的山水詩〈相逢日月潭〉、〈阿里山聽雨〉，就是最好的證明。筆者在此也衷心祝福他五年之後，再推出一本比《香港魂》更具魅力的山水詩集，姑且命名爲《世界吟蹤》吧！

・・・

有「香港當代徐霞客」之稱的遊吟詩人孫重貴，他的詩有何特色呢？基本上他的詩都是以四行爲一段，每首再視需要分成三段、四段或六段。在每段的第二及第四行分別押韻。當然也有少數跳脫這個模式的，但基本上段與段間都保持對襯之美。從這些詩的形式，我們可以體認詩人創作經營的堅持與苦心，也由於這些堅持與苦心，使得他的詩不但適宜閱讀，更適宜於朗誦。當然形式整齊，又採韻腳的詩，難免有以詞害意處，但這些在詩人孫重貴的詩中幾乎都已減到最低。而詩人在創作時堅持以明朗的風格入詩，以創新的意象寫景抒情，也都使他的詩頗耐嚼咀。

當然，要雞蛋裡挑骨頭，則筆者也要說，書中的幾首散文詩，詩質似乎稍嫌薄弱了些。

・・・

最後筆者在此試舉一些詩中的佳句，讓更多的讀者能欣賞到詩俠的詩中之美，同時也做爲這篇小文的結束。

我的詩像船隊
停泊在維多利亞港
等待吹來靈感的風
攜手繆思　揚帆啓航

——〈香港魂〉

雖然一生從黑暗奔向黑暗
卻把香港從光明載往光明
——〈致地鐵〉

一首凝固的悲壯音樂
二億四千萬年後播放人間
——〈億年等一回——
題海百合化石〉

八十六個春秋一部輝煌詩集
你安祥地躺進北京五月的春雨
——〈艾青・你在哪裡〉

泰國版圖上找不到的地名
恰似一支被遺忘的哀歌
——〈美斯樂〉

一九九八年十一月

台客和澳洲兩位小小華裔女詩人象象和等等合影（2001 年於大連）

一首感人的懷鄉詩

——讀趙秋萍〈想〉有感

懷鄉詩，古今中外的詩人寫過甚多，古人如李白的：「床前明月光，疑是地上霜；舉頭望明月，低頭思故鄉。」大家朗朗上口。又如賀之章的：「少小離家老大回，鄉音無改鬢毛衰；兒童相見不相識，笑問客從何處來？」也令人記憶難忘。今人的如紀弦的飲酒詩：「飲當歸酒／當歸故鄉」，余光中的〈鄉愁四韻〉等等，也都令人印象深刻。

一首能令人感動的懷鄉詩，必須是作者情感眞摯，詩中用字、遣詞，尤其意象必須深入淺出，令人易感易懂，才能流傳永久。古詩如此，今詩也必需如是。

很高興，葡萄園詩刊本期筆者就發現了一首寫得十分感人的懷鄉詩。由於筆者忝爲編輯，率先閱讀，故不揣淺陋，在此予以淺析一番。

首先我們來讀全詩：

想

夜深了，聽
蟲兒低鳴
小兒夢中囈語
愛人熟睡的鼾聲

明月照，我
思念的淚
離別的愁
壓著一顆無助的心

寫一首祝福的歌
給遙遠的母親
畫一幅美麗的山水
穿過星空寄向故鄉

爲了使讀者對此詩之欣賞能更深入，有必要先對作者創作此詩的時空背景稍作說明：作者趙秋萍女士是目前在台定居的大陸新娘，她的出生地是北京，目前居於台北市，有一幼子，今年三歲。

北京與台北，相隔數千里，如今科技發達，飛機雖一日可達，然而想要經常往返，卻也甚難。詩人定居台北，夜夜望鄉而不可得，午夜徘徊，終於在最難忍的時刻，創作出了此詩。

寫詩，尤其寫出一首好詩，確實很難。有時候可能你寫禿了一枝筆，也沒能創作出一首令自已眞正滿意的詩；有時候，當你情感滿溢，迅速拿起筆，可能在短短一、兩分鐘內就創作出了一首十分精彩的小詩。〈想〉一詩可能就是後述的結果。

綜觀全詩，用字遣詞十分簡潔自然，詩中以「夜深了，聽」起，再以「明月照，我」轉折，最後「畫一幅美麗的山水／穿過星空寄向故鄉」收尾，可說一氣喝成，毫不拖泥帶水，令人稱賞。而詩中的幾個意象如「蟲兒低鳴」、「小兒囈語」、「愛人鼾聲」，都是生活中順手拾來，卻又十分貼切的使全詩具有懷鄉的時空烘托效果。

總之，筆者覺得，這又是一首由現代人所寫，表現十分成功的懷鄉詩，您以爲呢？

二○○○年元月

詩心與耐心的結合

——張朗《詩話江山勝跡》詩集讀後

詩藝文出版社今年六月上旬出版了張朗的第四本詩集《詩話江山勝跡》，閱後，感覺這是一本詩心與耐心結合的一本好書。

張朗在本書序文中提到，自一九九二年退休後，因無工作壓力以及參加三月詩會，促使他的一顆詩心更加暢旺，數年來在海峽兩岸，四處旅遊，共寫出了一百七十餘首歌詠如畫江山及歷史、神話遺跡的詩作。經選出其中較佳者約近百首結集出版。筆者以爲，一位詩人，只要他常保赤子般的詩心與愛心，則不論他的年歲多大或者生活環境多艱難，他的創作都會如活水般源源不絕，年已七十的張朗就是一個最佳例證。

再說耐心，一般我們所讀到的記遊詩，大部份都沒有註解，少部份只做簡短註解。往好的方面來說，詩無達詁，沒有註解或少許註解的詩讓讀者發揮想像力：往壞的方面來說，則可能作者嘔心瀝血欲表現的弦外之音等，讀者無從領會，造成雙方遺憾。張朗有見於此，特意創作此部詩集，在每一首詩後將創作背景、時間、地點甚至暗喻或譏諷對象等詳細說明，既免除讀者讀詩的隔閡，同時也使往後詩評家們在賞析時無考據等的煩惱。實在是一舉兩得，值得稱善。

當然，要將所歌詠的近百首詩的地名、傳說、神話史跡等充分說明，需要下很大的搜尋功夫，這點令人不得不佩服張朗的毅力與耐心。

讀完了全書近百首的詩作，筆者感覺雖有少許失敗之作，但絕大部份都寫得十分成功，其中有一些更令人稱賞。茲舉其中一首說明：

景陽崗奇想

老虎，三三兩兩
在崗上嬉戲閒閒
飢餓時，肆無忌憚地
撲殺行人聚餐
廟裡，武松神威依舊
卻不敢出來揮除害之拳
國際保護野生動物組織
正密切注意中國的虎權

這首詩是張朗於參觀完景陽崗後所發的奇想。詩中當年人人所崇拜的打虎英雄武松，雖然神威依舊，如今卻變得畏畏縮縮，眼睜睜望著虎群們在廟外肆無忌憚的食人，反諷味道十分強烈。張朗在說明文中說：「這是對台灣的民意代表們，爲了各自私利，破壞社會治安，維護凶惡之徒，做不以爲然的諷刺……」確實是令人深思啊！

讀完了這本書，筆者也有一個小小遺憾。本書所寫的各風景點，張朗應都已前往遊歷，出書時若能將每一首詩與風景圖片配合，則詩中有畫、畫中有詩，更加完美。當然，對作者來說，或許這是過份苛責的要求。

二〇〇〇年六月

台客和彼岸訪台女詩人薩仁圖婭、學者樊洛平義結金蘭後合影於高雄海邊（1999 年）。

一首民謠風的好詩
——曾美玲的〈憶台糖小火車〉賞析

曾美玲的〈憶台糖小火車〉一詩，原載於《葡萄園》詩刊一四三期的「詩寫寶島」專輯，當初筆者接到原稿初讀時，即感覺這是一首飽含感情且富民謠風的好詩。如今，曾美玲出版她的個人第二本詩集，將此詩收錄在書中的第六輯「下午茶」裡。再次閱讀，仍然深爲欣賞，故願在此稍做解析，以爲互勉。

全詩共分七段，除最後一段是兩行，表示火車已然停駛（安息）外，其餘六段均爲七行，形式整齊。尤其難得的是，每一段第一、二行，均爲「搖呀搖呀／火車○○地○○」表示火車已經啓動，正在或慢或快的行駛途中。火車駛過「青翠的田野」、火車駛過「彎彎的溪流」、火車「快快地奔跑」、「穿過成群的野花」，火車「默默地負載」、「一節節甜甜的甘蔗」。從春夏到秋冬，又從秋冬到春夏，火車就這麼一年四季不停地忙碌著。駛過詩人無憂的童年，駛過詩人懷春的少女歲月，駛過詩人離鄉背景的青年，直到幾多年後，詩人長大成人返回故鄉，才驚覺火車已然老去「拖著蹣跚的步履／扛著歲月的包袱」、「輕咳一口又一口／沉甸甸的鄉愁」。全詩就在這種令人感傷的氣氛中結束。寫小火車的一生，就是寫人的一生，令人深有感悟。

這首詩由於形式整齊，也頗有視覺詩的效果，全詩排列起來觀之，就好像一輛七節的小火車般。另，詩中使用的一些擬人化的語言也十分新奇，如說早起的太陽「捧著一束又一束／白亮亮的希望」，說好奇的南風「搜集一頁又一頁／紅艷艷的青春」，說成熟的秋天「吐出一行又一行／金燦燦的智慧」等等。

總之，筆者感覺這是一首飽含感情，形式整齊，語言新鮮又頗富民謠風格的好詩。不知您以為然否？

二〇〇〇年十二月

左起曾美玲夫婦、墨人、吳淑麗、台客夫婦合影於第23屆世界詩人大會會場

勤慎和執著

——閱讀喬洪詩集《關於雪的昨日》

《關於雪的昨日》是詩人喬洪的第二本詩集，收錄一九九五至九九年間共四年多中發表於各詩、報刊的作品共八十首。全書分成四輯，每輯各有其特色。

詩人在「后記」中說：「……對於詩，我是勤愼和執著的。」確實，短短四年間，詩人在繁忙的公務之餘（詩人任職於彰化縣大城鄉公所，目前任民政課長一職），能夠努力創作，不被五光十色現實生活中的各種假象所迷惑，對詩的勤愼與執著態度，值得給予肯定和鼓勵。以下筆者試就閱讀所得，逐輯提出一些個人淺見，以供喬洪兄參考，並共勉之。

輯一「關於雪的昨日」，共收詩廿一首，大部份是廿至卅行左右的詩作。筆者比較喜歡〈回聲壁〉、〈溪頭印象〉、〈椅子哲學〉、〈難產的謬思〉、〈銅像〉等。至於〈魚訊〉、〈關於雪的昨日〉、〈黑貓的身世〉等，則感覺較隱晦，讀起來有「隔」的感覺。

值得一提的，喬洪的詩絕大部份在分行分段方面不太講究，本輯中卻有一首十分特殊，茲抄錄如下，並贅數語。

回聲壁

我在河的這頭用心喊你
你在水的對岸無動於衷
面對整個童年曾經奔逝的水聲
夢裡的喧嘩永遠濕冷

我在山的頂峰大聲叫你
你在澗的幽谷一語不發
面對整座山林曾經仲夏的傳唱
夢裡的聒噪永遠冰涼

我在海的這邊耐心喚你
你在陸的彼端噤若寒蟬
面對整張輿圖曾經凍結的年月
夢裡的鄉音永遠沉寂

我在天的浩瀚認眞問你
你在地的邊緣無言以對
面對整顆地球曾經塵封的冰原
夢裡的鐘擺永遠疏離

這首詩形式整齊，對仗工整，意象、意境均十分飽滿、突出，令人百讀不厭。卷二「短歌集」，共收錄三至九行的短詩四十五首，短詩易寫難精，本集中卻有不少精美之作，如〈蜻蜓〉、〈蛙鳴〉、〈麻雀〉、〈傘〉、〈劍〉等等，其中〈陽明山〉、〈火燒島〉、〈劍〉三首文曉村老師已在「從文化高度看詩歌——序《關於雪的昨日》」一文中給予剖析，以下筆者再選一首三行小詩〈跳高〉，提供個人淺見：

雙腿一彈
如一條瞬間躍過龍門的鯉魚
準備在天空摘星

此詩前兩句十分平常，精彩在最後一句「準備在天空摘星」，這句在修辭學中屬於「夸飾」，就像李白的「白髮三千丈」般，喬洪的這句「準備在天空摘星」，也充分達到了「夸飾」的效果，使整首詩因而詩意盎然。

卷三「鄉之揆」共收錄長詩三首及組詩二首。長詩方面六十一行的〈古蓮子〉，係閱報有感於「千年魚卵，萬年草子」而寫；五十七行的〈千岩島記事〉，則是寫作者曾經戍守過的金門島的懷思。這兩首詩意象清明、脈絡有序，筆者感覺寫得較成功。另一首八十二行的長詩〈鄉之揆〉，係作者的自述感懷之作，全詩則顯得意象較零亂，詩中某些斷句也有些勉強。

至於另兩首組詩〈生之終局〉與〈半島素描〉。前者寫人死後至安葬期間的種種過程，後者係作者前往馬來西亞等地旅遊的記遊之作。筆者感覺後者寫得似乎仍不夠深入，或許這和匆促去回，及對旅遊國家的歷史與文化背景不夠瞭解有關。至於前者，筆者認爲較新鮮也較成功，似乎詩人中尚沒有人以此作爲題材抒寫的，可見喬洪兄對這方面定有專門的研究（或許和他任職的機關職務有關）。

輯四「夢的絕版」共收詩九首，係悼念親故及感懷友情之作，筆者比較喜歡〈哀吾父〉、〈母子圖〉、〈遲到的約會〉、〈無緣〉四首。值得一提的，悼念、感懷之作，因涉及對象及時空背景，有時不在「後記」中交待一番，則讀者讀起詩來難免隔靴搔癢，甚或不得其門而入。喬洪本輯中的詩有些有「後記」交待，如〈繆斯之死〉、〈遲到的約會〉，有些則付之闕如，如〈無緣〉、〈金蘭輓歌〉、〈夢的絕版〉。據筆者所悉，〈無緣〉一首，喬洪係有感於葡萄園詩刊慶祝卅五週年慶時，邀請大陸詩人學者來台訪問，後因故大陸詩人學者們集體缺席無法來台見面的感慨。至於〈金蘭輓歌〉、〈夢的絕版〉二首，筆者因對喬洪詩中描寫的對象「嘉民」、「海淘」，無從瞭解，故讀起詩來就較沒有味道了。

一九九五年十二月十七日，《葡》刊北部及中部同仁等共八位，開了兩部汽車前往彰化大城鄉喬洪的住家，接受喬洪的招待。喬洪兄事後寫了一首〈遲到的約會〉，刊於葡刊一二九期，也收錄在本輯中。這首詩的第二段描寫八位詩友十分傳神，每位被描寫的詩友讀後，相信都會發出會心的微笑，茲將此段抄錄於後，以饗詩友，並做爲本文的結束：

久違了！文老師
廿多年不見，他關愛的眼神
一如往昔，無時無刻不在眷顧著
我的詩心，金筑兄台舉手投足之間
都有繆斯的影子，魯松前輩
縱橫詩壇數十年依舊老神在在
台客，攜薛雲參加伉儷情深
贈我滿懷友情聖水的鶯歌晶瓶乙隻
賴益成那小子，風度翩翩瀟灑自如

想必是個不能相忘江湖的多情種
楊火金，新婚燕爾獨不見他的美嬌娘
相隨，原本也要南下的晶晶姊
卻被碧潭歲末的冷空氣滯留在
煙波虛無的飄渺裡，美玲哪！
聽說台北開會去了，至於滿臉福相的
文媽媽，最會料理牛的種種後事
祭了我們貪婪的五臟腑

二〇〇一年三月

詩性的疏理

——小論陳勝的詩

四川省資中縣詩人陳勝君，從遙遠彼岸寄來詩作十餘首，表示即將出版個人詩集《巷子裡的月亮》，希望我能有以教之。由於對陳君之了解實在有限，所能讀到的作品也僅是書中一小部份，若妄加評論，恐有以偏概全之虞。加以自己並非撰評能手，本要予以婉拒。然而考量陳君萬里飛鴻，以及對詩表現的虔誠態度，最後仍決定勉力一試，撰此小文以與陳君共勉。

陳勝君在來函中說：「我只是一名虔誠的詩歌歌者，我一直試圖對人生、現實進行詩性的疏理……」確實，詩脫離不了現實，脫離不了人生，能夠眞眞正正用心走入現實，體驗人生，才能創造出動人的詩篇。詩人陳勝君，年紀輕輕，有此體認，十分難能可貴。

綜觀陳勝君的詩，有些已寫得頗有功力，用字遣詞簡潔有力，如〈曇花〉一首：

只站在

黑夜的高度

點燃生命之光
遠離喧囂
信守終生
一瞬間輝煌

最難捱的是夜晚
夜晚　有過一次眞心
開　放

全詩三段九行，共四十四個字，即借著曇花夜晚開花的特性，將人類生命追求的目標「一瞬間輝煌」點出，令人欽佩。

再看一看小詩〈收音機〉：

輕輕　打開柔麗的心情
耳畔飄來清新的風
只消一次吹拂

荷塘便有許多婆娑之舞
田田的頭搖落斑駁的哀傷
甜甜入月亮的夢
插上翅膀遊弋
成枕邊的魚

首行，「輕輕　打開柔麗的心情」這種以虛寫實手法，令人眼睛爲之一亮。接著將收音機中傳送出來的音樂比喻成「清新的風」「只消一次吹拂」「荷塘便有許多婆娑之舞」比喻十分新奇、有趣，也十分恰當。最後四行，形容自己聽音樂的心情，如游魚在荷葉間田田出沒，如飛鳥在高空中展翅翺翔，且「甜甜入月亮的夢」，十分的美好。總之，筆者感覺這是一首意象營造十分成功的小詩，不知各位方家以爲然否？

當然，不諱言陳勝君的詩中也還有很多缺失，如某些詩作有句無篇，某些詩行用字遣詞有待更進一步斟酌。這一些都是通病，只要假以時日勤學多思，一定能夠克服，我們且拭目以待。

二〇〇一年五月

小老百姓的代言人

——讀王學忠《挑戰命運》詩集感想

感謝學忠，從遙遠的彼岸，寄來他新出版的第四本詩集《挑戰命運》。由於諸事繁雜，一般收到贈書，我僅能迅速的翻閱一遍，然後歸入書架，期待他日空閒時再仔細閱讀。然而當我收到《挑戰命運》一書，剛剛開始翻閱初讀，就被它所吸引，「不得不」一直閱讀下去，直到讀完全書，仍感意猶未盡。

一個學歷僅有小學就讀五年的人，靠著自己孜孜不懈的努力，卅餘年來對文學與詩歌的喜好與鑽研，竟然出了四本詩集，且一本比一本寫得好，這本身就夠吸引人了；而這個人他的生活環境是如此的惡劣，全家生計就靠他四處流動擺攤維持。生活的困頓與不如意，並沒有使他喪失對詩歌的喜好，反而愈挫愈勇，矢志以小市民的代言人自居。數十年來，他以詩言志，以詩歌的大纛，挑戰權威、巨賈，對抗所有社會的不公、不義，成詩數千首。這夠令人驚奇了吧！這個人是誰呢？他就是本書的作者王學忠先生。

細讀《挑戰命運》一書，爲學忠的詩歌表現而喝采。雖然他並非什麼詩壇名家，然而他的詩歌已達一定的水平，且在水平之上。他的詩，善用各種比喻、象徵等手法表現，語言精準，詩的結構也十分整齊。雖然有少許詩作表現太露或略嫌晦澀，然而大部份的詩作都屬於可感的，值得一讀再讀的。茲舉第二輯中的一首〈窗〉爲例：

久閉的窗終於打開
少女雲飄然而至
攜暖暖麗日
在愛的韻律中徜徉

紅杜鵑含羞吐情
紫羅蘭散發著馨香
封鎖了幾個世紀的小屋
在悄悄把自由歌唱

請莫再將窗子關上
否則，馥郁的芳菲
璀燦的光澤

　　便會在禁錮中霉爛、死亡

全詩以簡單的窗的開啓，鋪陳出各種美好的風景與畫面（意象），最後說不要再將窗關上，否則眼前的一切美好都將霉爛、死亡。這個「窗」，指的當然已不再是窗，而是整個的國家、社會，國家、社會需要改革開放，人民不想過以往禁錮的苦日子。一個這麼大的題目，詩人卻以一個「窗」的象徵字作題目，以簡單的十二行詩行就將之表達完整，豈不令人一讀再讀，而感覺餘味無窮。

前面說過，學忠的詩是以小市民的代言人自居，在這本書中，有很多詩作，都以此爲題材。寫法有正面歌頌的，如〈中國民工〉、〈三輪車夫〉、〈勞動者〉等等；有反面諷刺的，如〈這座城市很乾淨〉、〈晚報　在漲價風刮時〉、〈紅頭蒼蠅〉、〈照相機〉等等。這些詩大部份都表現得十分成功。然而眞正令我欣賞感動的，還是學忠那些舒發內心感情的作品，如〈牛〉的勉勵自己，〈凳子〉的永不向惡勢力低頭，〈建築師的思考〉的對這個社會理想的嚮往，〈小屋〉的自我省視等等。現舉〈小屋〉一首爲例說明：

一

　　床腿兒上
　　拴著
　　一張書桌

一疊稿紙
一串疲憊的嘆息

二

茶是涼的
杯是涼的
牆壁也是涼的
冷酷的季節
唯心是熱的

三

淚珠溢出眼帘
滴在心上
心兒便痛了
孤獨的小屋
是痛苦的無奈

這首詩是作者的現實生活與創作環境的寫照，全詩並不講究什麼技巧，讀來卻令人感動萬分。何也？只因這首詩背後注入了作者濃濃的生命力與感情。

古人說：文窮而後工。又說：人窮志不窮。我想學忠在這兩項都是當之無愧的。他可以在這種困頓的環境下，堅持創作卅年，我想他一定可以繼續堅持下去的，且他離成功的彼岸已經不遠了，我們祝福他！

最後我要再談談本書中的一首詩〈春天來了〉。這首詩文字優美，意象清明，是一首十分成功的詩作。學忠曾將此詩投稿給《葡萄園》詩刊，而獲刊登。今年夏天，恰逢葡刊創刊四十週年慶，由我主編一本《不惑之歌——葡萄園四十週年詩選集》。學忠的這首詩獲得編輯委員們的一致青睞，通過入選，我想這應也是對學忠在漫漫詩路上的又一項肯定吧！

二〇〇二年七月

萬里尋詩苦樂半

——張朗《兩岸江山兩岸情》詩集讀後

繼二〇〇〇年六月出版《詩話江山勝跡》後，二〇〇二年十二月，詩人張朗又在詩藝文出版社出版了《兩岸江山兩岸情》一書。此兩書有一共通點，即都是以新詩手法所寫的記遊詩，每首詩詩後均附有景點介紹等。前書共收錄一〇三首詩作，後書共收錄一一八首詩作。

由於《兩岸江山兩岸情》一書，書前及書後都沒有作者的序文或後記，使人對作者的創作背景、年代等有些疑問。前面說過，這本書是繼《詩話江山勝跡》之後的又一本書，故只好從前書中尋找答案。詩人在《詩話江山勝跡》一書中的序文中一段寫道：「一九九四年我到北京訪問時，認識了一位名詩人，他送了兩本大著給我，裡面收集的都是旅遊詩，我讀了幾遍，大部份作品都讀不懂……爲了避免出了一本讀者讀不懂的詩集，我決定爲我吟詠的每一處名勝古蹟，寫一則簡介附在詩後……」由這段及其他序文中所述，我們知道這兩本書中的記遊詩，都是詩人張朗一九九二年退休後，前往兩岸三地旅遊後所寫出的，產量十分驚人。

張朗兄出版《詩話江山勝跡》後，筆者曾爲此書寫了一篇小評，發表於劉菲兄所主編的世界論壇報「世界詩葉」（二○○○年七月廿四日），文中十分認同張朗兄詩後附簡介等的作法，並贊賞他四處旅遊，收集資料入詩的耐心與毅力。或許張朗兄也從中得到鼓舞，再接再勵，才兩年多功夫，又一本比前書更豐厚的記遊詩集推出，眞令人爲張朗兄高興。

端坐書桌前，泡一杯香茗，一邊品茶，一邊閱讀張朗兄的這本記遊詩集。一首詩一個景點，既有詩情，也有畫意，眞是一大享受啊！再次感謝張朗兄的辛勞與毅力。我想，也只有詩人才有這股傻勁吧！當然，旅遊與撰寫的過程中，有苦但也有樂，苦樂參半，我想這也是支撐詩人張朗不斷寫下去的動力吧！

《兩岸江山兩岸情》一書，撰寫的景點都是兩岸，若有第三本書，筆者建議張朗兄不妨將景點擴充到其他國家，相信視野更廣闊，更能抓緊讀者的心。另外，兩書之前雖均有作者曾遊歷過的景點照片，但顯然不夠，有待加強。

細細品讀本書，筆者感覺此書中的作品，又比前書進步不少，佳作迭出。筆者尤鍾愛其中〈眠月石猴〉、〈天壇〉、〈金寶山訪鄧麗君〉、〈關渡之晨〉、〈蝴蝶泉〉、〈山海關懷古〉等十餘首詩。由於篇幅關係，今僅取〈眠月石猴〉一首，稍加提出個人看法：

豈止眠月而已
也眠日眠星眠雲眠霧

任那位同袍取經成聖
又在如來的掌中表演
熱鍋上的螞蟻
我且閒眠無欲的悠然

豈止眠月而已
也眠風眠雨眠雷眠電
任山下的名利醜劇
一幕接一幕地上演
任身畔遊客聚散嗡擾如蚊
我且閒眠於睡醒之間

此詩不但前後兩段對仗整齊，且意象意境均佳，寫景的同時，也不忘寫情，情景交融，一氣喝成，讀後令人深爲贊賞。

當然，《兩岸江山兩岸情》一書中，也不是沒有缺點。某些景點的寫法取材太過簡單或空洞。有些詩寫得不夠凝練。此外，某些景點介紹，摻雜個人「獨特」的想法，針對歷史人物的批判，令人無法苟同。這些，都是筆者認爲有待改進或商榷的。

總之，《兩岸江山兩岸情》是一本値得喜愛記遊詩者閱讀的一本好書，詩人出書不易，希望大家給予支持購閱。

二〇〇三年元月

1993 年台客訪問大陸於黃河灘上的騎馬英姿

石中天地寬

——鐘友聯《大地之愛》詩集賞析

《大地之愛——與石共舞》，是石友鐘友聯兄的一本新作，鐘友聯石友，何許人也？或許大部份的石友和筆者一樣都不太認識他。根據書中簡介，友聯兄畢業於台灣大學哲學研究所，曾任台大哲學系兼任講師、國中教務主任、訓導主任、執行秘書等職。代表著作廿餘本，包括《墨家的哲學方法》、《儒家的孝道思想》、《佛經淺說》、《奇門遁甲學》、《賞鳥心境》、《石景禪境》等等。這本書是他的最新著作，二〇〇一年十月由台北南宏出版社出版。

喜歡賞石的石友，或許都有這種感覺，市面上買得到的石書不少，但除了一些工具書外，眞正有「內容」的石書並不多，絕大部份的都僅是圖片及少部份的說明文字。幾年前筆者曾發願，以一年多的時間，撰寫了一本《石與詩的對話》，書中共收錄各種詠石詩六十餘首及和石有關的散文十四篇，並配上相關石照百餘幅。很高興，如今又見到一本有「內容」的賞石詩集，那就是鐘友聯石兄的這本《大地之愛——與石共舞》。

本書共分六輯，除了最後一輯與石無關外，其餘都是詠石的，分別是輯一「石頭話題」、輯二「日記寫在石頭上」、輯三「與石共舞」、輯四「石中天地」、輯五「石友印象」。五輯中共收詩卅八首。

輯一「石頭話題」共收詩七首，分別是〈石頭話題〉、〈搬開石頭〉、〈土石流〉、〈落石〉、〈絆腳石〉、〈結石〉、〈賞無惡石〉。這一輯中所詠的石頭比較特殊，是話題中的石頭，災害中的石頭，人體中不好的石頭，只要是石頭，不論大小，非關雅俗好惡，一律入詩，可見得友聯兄寫作的功力。

輯二「日記寫在石頭上」共收詩七首，分別是〈日記寫在石頭上〉、〈山居採石〉、〈來自南田的石頭〉、〈南田圖騰〉、〈採石樂〉、〈海邊採石〉、〈撿到寶〉。這一輯中作者描述的是友情之石與溪邊、海邊撿石心情記錄，諸如〈山居採石〉中的一段「深深吸口清冷的空氣／來到清淨的溪邊／溪水清澈／水聲潺潺…」、「深深吸口氣／溪流一夜未眠／不息奔向遠方／石頭們安靜地躺在那裡／無視於我的到來…」〈海邊採石樂〉中的一段：

石頭會跑啊
隨著海浪
向前衝

向後退
嘩啦　嘩啦
我聽到群石列隊成伍
跑步的聲音

相信以上所引述的詩中場景與心情，都是石友們所熟悉的，能引起許多石友們撿石的記憶與共鳴。

輯三「與石共舞」共收詩七首，分別爲〈入定之石〉、〈雕石〉、〈石頭的呼喚〉、〈爲了石頭〉、〈不爭之石〉、〈石想回家〉、〈石無情〉。此輯中有三首賞石詩已提高到形而上的精神層次。「禪者之石／在不知有禪的世紀裡／開始禪坐了」〈入定之石〉，「何不學石／學石之不爭不語不辯不計較」〈不爭之石〉，「石無情／君有意／石本無情／卻成寄情石」〈石無情〉。以上所引述的都只是全詩中的片斷。確實，石本無情，就看賞石人如何「有意」了。我們應當學石的靜默不語，學石的滲透人間喜怒哀樂而達於禪的境界，不是嗎！

輯四「石中天地」共收詩六首，分別爲〈石室〉、〈讀石〉、〈我愛石〉、〈問石〉、〈石之存在〉、〈論石〉。這一輯是作者賞石心得的總陳述，作者在詩中表達了爲何喜歡賞石：「撫石欣賞／竟然能讓思緒沈澱／心情寧靜／悠然忘懷⋯⋯」「三山五嶽都來到室中／思想奔馳其中／猶如暢遊宇宙／摘星攬月只在彈指間⋯⋯」〈石室〉，「我愛石／石子雖然小／山林在其中／一峰比一峰高／瀑布流泉在其間／懸崖峭壁在其中」〈我愛石〉。「無喜怒哀樂／無眼耳口鼻舌／石之存在是不可否認的事實／石之存在就是文化的存在／就是美的存在」〈石之存在〉。

確實，只有喜石、愛石的石痴，才能寫出以上的詩句，著作等身，熱愛石藝的鐘友聯石友，平常即熱愛大自然中的一花一草一木一石，我們應向他學習。

輯五「石友印象」共收詩十一首，分別是對石友黃昭泰、謝朝枝、許宗茂、郭信義、小毛、邱福枝的述描，都寫得十分傳神、親切。由於篇幅關係，在此就不做引述，希望石友們有機會親自閱讀吧！

值得一提的，本書中穿插了鐘夫人的鉛筆素描數十幅，詩畫配合，令人讀來倍感舒適。

當然，若要說本書中有什麼缺點，筆者也不免要指出，全書的詩質似乎薄了些。不過作爲一本給予一般石友的賞石入門書籍，我想，這一點也就不用太苛求了！

二〇〇四年五月

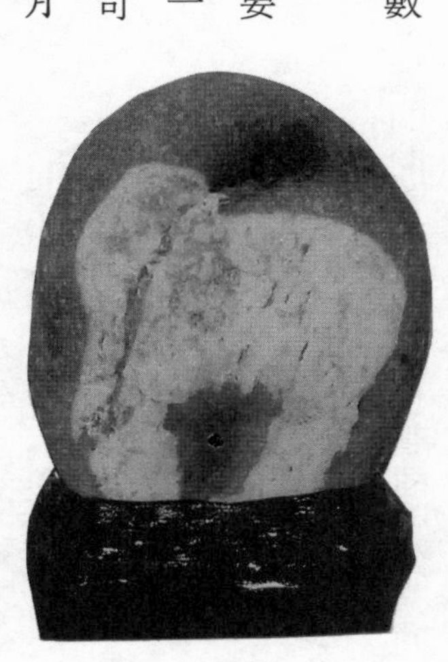

大象林旺

步上紅毯與媽祖出巡

——淺析楊火金的兩首詩

〈步上紅毯〉與〈媽祖出巡〉是《楊火金短詩選》裡的兩首詩，這兩首筆者十分喜愛，故願在此予以分析，以就教方家。

首先看〈步上紅毯〉。這首詩是火金爲紀念他和美惠小姐結婚，而於一九九五年十月寫出的，刊於葡刊一二八期（一九九五年冬季號）。記得當時接到這首詩時，筆者特別致電火金，希望他提供照片，以便詩照配合刊出，效果更佳。不久即接到火金寄來了一張他們的結婚照，果眞郎才女貌，羨煞人也。編輯時，筆者特別在照片兩旁加了兩行字，左邊一行爲「眞金不怕火來煉」，右邊爲「美惠終成繞指柔」。兩句中各嵌上兩人的名字，以示祝福，當然這是外一章了。

〈步上紅毯〉一詩，全詩共分四段十四行，形式排列爲四三四三，未讀詩，視覺效果就讓人感覺十分舒服。再看內容：「緩緩地緩緩地步入／提著心，提著一生潔白的愛／幻化成仙子，接受眾人的祝福／紅紅的地毯是天梯」首段即出手不凡，把新娘子比喻爲仙子，提著

「一生潔白的愛」，走過地毯的天梯。再看第二段「當兩顆心串在一起時／滴著的不是血，是愛／染紅了幸福之路」幸福之路，因爲有愛，而被染紅了，這「染紅了」既指地毯，也指心，一語雙關，用得很妙。第三段「天地的腳步頓時慢了下來／麇集在地毯的一端／只爲參與這一場／詩與夢的結合」此段是詩的高潮，也寫得十分成功。作者把這一場婚禮定義爲「詩與夢的結合」，當所有前來祝賀的親朋好友紛立地毯兩端予以祝福時，此時，「天地的腳步頓時慢了下來」。現場那種愉悅、熱鬧的場景與氣氛，確實令人想像。尾段「欣喜的樂音傳頌著／這是亙古以來的／——愛的韻律」整個婚禮中，「愛的韻律」的樂音持續播放著，現場一直瀰漫揚溢著幸福的氣氛。

這首詩，用字簡潔，比喻恰當，確是一首好詩。去年筆者編輯《不惑之歌——葡萄園四十週年詩選》時，曾將之搜羅入內。

再看〈媽祖出巡〉一首。此首詩也是十四行四段，排列爲五五二二。首段「煙霧濛濛中神轎出／匡噹匡噹／萬人鼎沸中　高舉／迴避　妖鬼蛇魔／迴避　閑人」此段將媽祖出巡的嚴肅場面與萬人空巷的氣氛，表現得十分生動。再看次段「風乍起　雨初下／媽祖遶境了／神威到處　果眞／靈驗／清煙裊裊」傳說中，每年農曆三月媽祖出巡遶境，天上會起風降下微雨甘霖，這是媽祖的靈驗，眞耶？假耶？詩人利用民間這個傳說，寫出了以上詩句，簡潔有力，十分精彩。三、四段「行禮如儀的子民啊／只見子民們如儀行禮」、「風乍起，雨

初下 神轎出／果眞風調雨順」前一段表現媽祖出巡，信徒們「行禮如儀」的反應，後者則再次重複「風乍起，雨初下」，最後一句「果眞」風調雨順，有質疑也有反諷的味道，全詩就此戛然而止，留下令人無限的回味。

《楊火金短詩選》，全書共收詩廿七首，除了筆者所分析的上述二首，尚有些佳作，但不可否認的，晦澀或失敗之作仍不少。當然，這是火金的第一本書，不能期待太高。希望火金在下一階段的創作生涯中，吸取經驗，更加努力，將來創作出更多美好的作品。

二〇〇四年八月

2003 年 3 月台客前往澳洲雪梨和當地華裔詩人交流合影。
前排左起冰夫、黃雍廉、台客、西彤、何與懷。
後排左起廣海、巫逖、蘇珊娜、陳積民、雪陽、羅寧、天外、陳弘莘。

解讀馬驄的〈溝〉

《葡萄園》詩刊今年秋季號（一六三期）的第六十一頁刊出了馬驄先生的〈溝〉一詩，令人讀後眼睛爲之一亮，有不得不說的衝動。

首先，我們來看全詩：

水溝順勢
土溝謙虛
山溝荒寂
海溝神秘

乳溝令人眼睛一亮
臀溝令人發笑

溝中埋著青春

也埋著暮年
誰不是溝中來
溝中去

解讀本詩之前，應先說明一段社會新聞，今年某月某日，號稱本土天王的藝人吳宗憲，因酒醉駕車，遭警攔檢，拒不下車。堅持了好一陣子，最後才被「請」到警局作酒測。當他車子被攔檢時，坐在他車子後座的兩位酒店小姐，紛紛下車「避難」。其中有一位小姐被記者拍到，兩手以外套遮臉，匆匆在街上奔跑。雖然看不清臉龐，但由於她穿的是低腰褲，匆匆奔逃間，褲管不斷往下掉，竟然露出了雪白的「臀溝」。這「臀溝」被各大媒體記者拍到，紛紛在當日電視新聞中報導播出，引起輿論譁然。有人看了瞠目結舌，大嘆社會風氣之敗壞；有些人則暗自竊喜，感謝記者先生，讓自己的眼睛吃了一次免費的冰淇淋……

我想，馬驄先生的這首〈溝〉，應是看了電視新聞的這則「股溝妹事件」，而觸發的靈感寫出的吧！

一首詩要讓人讀後稱賞或難忘，一定要有特別的象徵意義或詩中有某些句子足以令人深思。馬驄先生的這首〈溝〉，顯然是屬於後者。他說：「水溝順勢／土溝謙虛／山溝荒寂／海溝神秘」這些都屬於自然現象，只是詩人把它們作一有趣的組合。「乳溝令人眼睛一亮／臀溝令人發笑」這兩種非自然現象的人體的溝，引起不同的反應，也是情理之中。然而尾段

「溝中埋著青春／也埋著暮年／誰不是溝中來／溝中去」，這段裡的溝就令人深思了。尤其最後兩句「誰不是溝中來／溝中去」，既傳神描述，思之更令人悚然，原來人的一生，就是「溝中來，溝中去」。全詩就因爲有了後面這一段，顯然頗富哲思，耐人咀嚼。

這一首詩，詩句皆淺顯易懂，卻因作者的奇思，而使全詩充滿哲理而耐讀。這是一首明朗的好詩，不知諸位詩友以爲然否？

二〇〇四年九月

台客夫婦與大詩人余光中合影於台北舉行的第 23 屆世界詩人大會會場上

輕吟淺唱皆成章

——讀蔡麗雙的詩集《一片冰心》

香港女詩人蔡麗雙從彼岸多次郵來她的詩集，賜教予我。由於時間關係，一直無法細讀，感覺十分抱歉。近日來趁編輯《葡萄園》詩刊的空檔，集中精神選讀了一本她的詩集《一片冰心》，遂有話要說。

麗雙是一位馳名兩岸三地的女詩人。她在才藝的表現是多方面的。既善於無劍，又寫得一手好書法。詩藝方面，不論散文詩、古典詩或分行新詩，她都能大量書寫，且自成一家，實在令人欣羨。由於筆者僅對分行新詩較有研究與興趣，故選擇了《一片冰心》這本詩集，略抒自己的讀後感。

《一片冰心》全書共分八輯，收錄詩作一百六十首（剛好每輯廿首），詩作全係數行或十數行的短詩，每首占一頁，詩行橫排，讀之賞心悅目。在每一輯的前頁，皆印有作者不同造型的生活照，令人十分有親切感。

仔細閱讀《一片冰心》這本詩集，筆者感覺，這是一本「輕吟淺唱皆成章」的美麗詩集。

本書中，詩人以其高度的才華與靈思，加上努力勤奮的創作精神與毅力，針對生活中的所見所思，予以入詩，雖然皆屬輕吟淺唱，但絕大部份都寫得十分切題、生動。有一些作品更因意象等的運用成功，令人驚艷。現舉其中兩首，試爲說明：

看書

走進鉛字的原野
尋找一個個話題
迎來姹紫嫣紅
我獨愛那朵
鬱金香

駛入鉛字的海洋
以感情爲槳
伴月追星
我最同情那顆
織女星

女詩人蔡麗雙近照

詩中把無數的鉛字比喻爲「原野」，而原野中「姹紫嫣紅」，自己卻獨愛那朶「鬱金香」，鬱金香象徵什麼，作者不說，讀者卻有各種想像。同樣的第二段「織女星」又是指什麼，也是任由讀者想像，讓詩意無限延伸。

再看一首〈繪畫〉：

海爲情
虹爲筆
我在宇宙中騰舞

一張小小的畫紙
用心繪畫之後
就是一個
寬廣的天地

本詩中首段用「夸飾」的手法，將一個小小的繪事予以渲染擴大，次段再予以說明，只要「用心」，小天地也能創造大宇宙的道理，令人信服與認同。

當然《一片冰心》這本詩集，也有一些缺點，諸如某些詩中用字與題目重複，造成累贅，有些詩句流於散文化等。但這些缺失都無法掩蓋《一片冰心》是一本美麗詩集的事實！

二〇〇四年九月

2001 年 12 月考試院長許水德頒贈詩歌編輯獎給台客

詩的「小」與「大」

——讀《麥芒詩集》的一點感想

讀詩、寫詩幾十年，最近卻越來越喜歡讀十行以內凝煉的小詩，對於一些動輒數十數百行的所謂氣勢磅礡的大詩、長詩，總是望而怯步。

然而詩的「小」與「大」，豈能以行或字數來加以限定？

最近收到遠在雲南的詩友麥芒寄給我他的新著《麥芒詩集》一册，閱讀之後，感覺麥芒有些詩，雖「小」卻「大」，小的是詩的字與行數，大的卻是詩的內涵與象徵意義。

一九六六

一場大火
燒了十年
不見

消防隊

這首僅僅四行十三個字的小詩，只用了一個「大火」的比喻，即把中國大陸十年浩劫的「文化大革命」，描寫得如此精準完美，令人拍案叫絕。難怪詩評家碎金在「試論麥芒詩歌的藝術特點」一文中說「十年文化大革命，史家用數萬甚至數十萬字來敘述，而詩人只用了四行十三個字，其荒謬莫名讓人無話可說，不得不讓人深思其爲什麼。」老詩人楊琦也在另一篇「雲嶺沃土育奇葩」評文中說：「我曾寫過一首〈那一天〉，用了六十一行詩句來描述那場「文革」災難，我以爲還不如麥芒的四行詩表現力強，這絕不是我的謙虛。」老詩人穆仁也在「關於小詩和四行詩」一文中說：「用火災喻十年浩劫，形式誇張荒唐，實則貼切巧妙，令讀者發會心微笑。」

《麥芒詩集》是作者的第十本書，第六本詩集。全書分六輯，共選錄了作者自一九七九年創作以來陸續在兩岸三地及海外發表的五百首詩，絕大部份都是十行以內的小詩，令人讀得過癮。類似〈一九六六〉這類雖「小」卻「大」的詩不少，以下再例舉幾首筆者較喜愛的：〈讀葡萄園詩刊〉：「又鮮／又甜／／香飄／兩岸」〈國畫大師齊白石〉：「一串串墨蝦／從上個世紀游來／／冬梅、春蘭、正在／似與不似之間盛開」〈檔案〉：「白紙、黑字／一堆／醒著的歷史」〈大海〉：「大海沉默了／像睡熟的嬰孩一樣／誰知道看不見的深處／正醞釀著一場風暴！」

當然，要讓一首小詩使人讀後感覺「很大」，也確是不易。只要稍稍不慎，作品即有可能流於表象的比喻或說明。《麥芒詩集》中也有少數這類作品，但相信以作者對詩的執著與用功，不久的將來，定會寫出比〈一九六六〉這類作品更成功的美篇，我們且拭目以待。

最後，讀了這麼多麥芒所寫的四行詩，筆者也不禁技癢，試寫了一首以贈作者：

詩人麥芒

在麥尖上歌唱
在芒頂峰跳舞
爲尋詩
苦苦苦

二〇〇五年二月

讀《碧窗漫步》雜感

一

去年十一月下旬，本刊舉辦曾文水庫之旅，在起程的遊覽車上閒聊時，碧儀姊說：「昨天晚上好緊張，我幾乎一整個晚上都沒睡覺……」我問：「爲什麼？」碧儀姊說：「因爲書商答應昨天晚上要交給我的新書，一直等到凌晨三點多才收到……」我問：「是什麼書？」她說：「是我的一本新詩集啦！瞧，書還是燙的呢！等一下每個人送你們一本……」

原來碧儀姊知道有這趟曾文水庫之旅後，即加緊趕工，希望趁這趟旅行會見中、南部詩友時，順便把書帶著當見面禮贈送，其情可感也！

二

碧儀姊在這本新書的後記有一段話：「若不是二〇〇三年的數場病，三個月進入三家醫院，得知身體數種病因，若不是大難不死，就沒有這本《碧窗漫步》的誕生。」

碧儀姊患的是卵巢腫瘤，有轉爲癌症的可能，爲了這個病，她以六十高齡，三個月內三次進出醫院動大手術，搞得全家人仰馬翻，她的身體也極度虛弱，不過幸好命是撿回來了。也由於這場大病的體悟，她才在身體狀況稍佳時，積極整理近十年來的詩作，並將之結集出版。

三

這本詩集的命名《碧窗漫步》，筆者認爲十分好，十分富有詩意。

本書中有一首詩〈碧窗〉，全詩共三段，其最後一段是這樣寫的：「看浮雲變幻／聽竹風簌簌／逗狗兒玩樂／對星光歌唱／到達空靈之境／我在碧窗凝望」

我想詩集的取名就是這首詩的延伸，〈碧窗〉可以解釋爲碧綠的窗口，也可以解釋爲碧儀的窗口，一語雙關，十分的妙，十分有意思。

四

《碧窗漫步》全書共三百餘頁，又分五個單元：碧窗詩情、旅遊散見、碧窗小品、與王少鸞姊妹情、詩人看碧儀。雖然有點大雜燴的味道，但幸好第一單元的「碧窗詩情」占了三分之二強的版面，共收詩一百廿餘首，應該還算是一本詩集。

五

讀罷全書一百廿餘首詩作，筆者感覺碧儀姊的詩幾乎都是有情之作。這些情包括：家國之情、夫妻之情、兒女之情、朋友之情、動物之情等等。詩人總是多情，詩人總是悲天憫人多愁善感。而碧儀姊的情又較一般詩人爲甚，這由她對她的三女兒——一隻叫「怏怏」的小狗寫那麼動情的詩即可證明。碧儀姊甚至在一首〈遺言〉的詩最後一段寫道：「上帝啊！三女『怏怏』等我兩年／一張笑靨迎人／世間有何牽掛／敵得過『怏怏』的呼喚？／親人啊！原諒我／如『怏怏』喚我 我必迎往」這在一般沒養過狗的人來說，一定覺得不可思議，只不過死了一隻多年飼養的狗而已嘛！有那麼嚴重？然而碧儀姊一向「愛狗如女」，她可不這樣想。而其實這種心態卻是很多愛狗人士的共同心態呢！

六

碧儀姊是虔誠的基督信徒。由於有堅定的信仰，使她在面對生命的風浪時，能夠不憂不懼，甚至充滿喜樂。我們看本書中〈遺言〉首段：「如果我已熟睡／千萬別喚醒／趁我身軀柔軟之時／爲我穿上白色洋裝／別泣 別將淚珠滴我衣衫／一粒珍珠似的淚都是我沉重的行李」面對生命的死亡，她寫得多麼瀟灑！再看一首〈同病不相憐〉的最後兩段：「無獨有偶我膝痛難行／經判爲退化性關節炎徹夜難眠／他拐左腳　我拐右腳／兩人同行如跳曼波／同病不相憐／／一粒米養百樣人／我開懷大笑／互相扶持來日方長」兩夫婦同時罹患痛風與關節炎，走路、睡覺都感覺十分困難與痛苦，而碧儀姊居然還能苦中作樂，誰能說這不是基督信仰給她的力量？

七

本書中有一個單元：與王少鸞姊妹情，也値得一提。王少鸞是王碧儀的姊姊，姊妹倆自幼即因國共的戰爭而分居兩岸。姊居廣州，妹居台北，數十年無法通聯、見面。直到十餘年前兩岸開放探親後，兩姊妹才又重逢。王少鸞姊姊在妹妹的影響下，也積極提筆寫詩，經常在葡刊發表作品，由於姊妹倆感情眞摰，互相寫給對方的詩也極爲感人，雲南大理的詩人洪海就曾針對她們姊妹的酬答詩寫評論，認爲是「珠聯璧合」、「酬答詩中的典範」。而她們兩姊妹的情況，又豈不是那個大時代，兩岸痛苦的縮影？

八

《碧窗漫步》一書中，有很多詩已被詩評家們解析、評論，諸如：〈又見紅棉〉、〈遠離家園〉、〈風帆〉、〈麥迪遜之橋〉等等。筆者前幾年曾主編兩本詩選集，一爲《百年震撼——九二一大地震詩選集》一爲《不惑之歌——葡萄園四十週年詩選集》，分別選入了碧儀姊的兩首詩〈台灣的哀歌〉、〈塔〉。相信《碧窗漫步》一書出版後，會有更多的好詩被詩評家發覺才是。

九

當然就詩論詩，筆者在此文之結尾也不免要指出：《碧窗漫步》這本書中的詩，有些詩句顯得直露，較少詩味；有些詩讀起來感覺有句無篇。另外，由於印行得太過匆促，書中錯別字不少，希望碧儀姊吸取經驗，在即將出版的另一本新書《生命如砂》時，有完美的呈現。

二〇〇五年三月

卷二

素描·懷人

2000 年 9 月中國詩歌藝術學會「神州之旅」訪問團攝於四川廣漢覃子豪紀念館。左起晶晶、李政乃、詩薇、金筑、秦嶽、藍雲、文曉村、台客、王祿松、劉建化。

飄泊不屈的靈魂

——雪陽與璇子

和雪陽與璇子認識，是通過詩的媒介。記得大約在四年前，我編《葡萄園》詩刊的時候，先是雪陽遠從英國寄來他的詩作，以後璇子也有作品一起寄來。他們是夫婦，詩都寫得文字簡煉，意象深沉，在我的心目中，以爲他們應是一對歷經大風大浪後，現旅居海外的華人長者。

在《葡萄園》詩刊陸續發表了詩作三年多後，二〇〇〇年夏季號的葡萄園詩刊推出了一個「青年詩人」專輯。雪陽也寄來了作品參加，並於詩後附了一個小小的簡介。我始知道，原來雪陽還很年輕，不到四十歲，同時對他的經歷「故鄉十六年，武漢四年，北京七年，英倫十年，現在無雪的雪梨以陽光爲生」感到好奇。一個不到四十歲的生命，居然有這麼多的經歷，尤其是從遠隔半個地球距離的英倫，舉家遷到澳洲居住，這該要有多大的魄力、決心與勇氣啊！

一九九七年至二〇〇〇年間，雖然曾和雪陽偶有書信來往，但十分稀少。直到二〇〇一年開始，雪陽在澳洲雪梨主編了一本《酒井園》詩刊，並向我邀稿。我們才有較多聯繫，但基本上仍然是不熟識的。

二〇〇一年八月廿日上午，我終於意外的見到了雪陽與璇子夫婦，那是參加在大連舉行的第六屆國際華文詩人筆會大會會場上。那一天，由於我距開會時間遲到了一會兒才進場，會場上早已佳賓滿座。正當我走進大門略顯遲疑時，一對年青夫婦立即主動向我走來，並說：「您是台客先生吧！我們是來自澳洲的雪陽和璇子……」就這樣開啓了我們互動的大門。接下來幾天，不論是開會、旅遊或者用餐，我們都經常聚在一起，談詩論藝，閒話家常，彼此更加了解。雪陽夫婦帶了一對寶貝女兒前來。兩位寶貝，老大八歲，小名等等；老么六歲，小名象象，皆長得十分聰穎可愛。更難得的是，她們也是兩位小詩人。在幾天相處之後，我們成了忘年之交，臨別前夕，彼此互贈禮物。兩位寶貝還特別爲我畫了一幅全家福的漫畫。如今，我十分珍惜的保存著。

雪陽一九六二年出生於安徽懷寧，璇子一九六四年出生成長於江南某小鎮。他們兩人的結合，據璇子告訴我，也是因爲詩的原故。

在中國大陸住了廿七年，一九八九年因六四天安門事件許多朋友紛紛離去，雪陽對於當時的氛圍感到失望。加以他和璇子，一在北一在南工作，每年聚少離多，遂興起去國他鄉的想法。那年冬天他終於順利的踏上英國留學一途，並於四年後取得理學博士學位。次年璇子也跟進，並順利取得教育學碩士學位。自此，兩人在英倫定居，度過了十年時光。

何以又會從英倫舉家遷居澳洲雪梨呢？璇子告訴我，有一次他們全家至澳洲旅遊，看到那裡的天空那麼開闊、海水那麼湛藍、空氣那麼清新、人群那麼和善，他們深深的嚮往。又想到在英倫居住的日子裡，天空是灰黯的、氣候是陰寒的、四處高樓林立，逼得人喘不過氣來。在幾經考量之後，終於下定決心，變賣在英倫的家產，於一九九九年秋季舉家遷至雪梨，並迅速融入當地華人社會，過著他們所選擇的新生活。

雪陽和璇子，一對傑出的中國兒女，由於時代環境的因素，已流離異鄉十餘載。他們身居異鄉，生活融入異鄉，也有機會成爲異鄉的公民，但他們卻始終遲疑著，至今仍保留著中國的國籍。何也？身爲中華兒女的一份子，雖然對現狀等有所不滿，但靈魂深處告訴他們，中國才是他們的原鄉。這種又恨又愛的矛盾心態縈迴心中，自然也反映在詩作裡。

雪陽在一首〈中國十七行〉的詩作裡，對中國表達了十分無奈的情緒，且看該詩最後六行：「把一面長長的大牆叫做城以這幻想之城爲榮耀的中國啊／中國ＣＨＩＮＡ你爲什麼與易碎的陶瓷同名／中國啊我們五千年秘密的愛情可哪裡是你的子宮／中國我從每一扇窗口尋找你的自由天空／卻只見朝代更替的硝煙中死裡逃生的我們／中國啊我的有火的赤縣無神的神州。」

然而在另一首〈爲中國加油〉的詩中，雪陽又對中國表現得如此痴狂、熱愛，且看此詩尾段：

中國。一開始就在我們心上
一見鍾情的中國
生死相許的中國
中國啊祖先的河流我的岸
我們溫柔的南方偉岸的北方啊
我的夢想我的道理我的青春
中國啊我的爹和娘

這種瘋狂愛戀的行爲，和前述〈中國十七行〉中所表達者截然不同，正是所有旅居海外有理想有抱負的中國兒女恨鐵不成鋼的矛盾心態吧！

這種對祖國愛恨交加的心理，也在女性詩人璇子的詩中屢見不鮮，且舉〈與詩無關〉一首中的四至六段爲例：「雖然祖國是海水中分裂的神州／母親是天空下統一的神／／這不要緊／同樣

璇子、台客、雪陽合影於旅順口（2001 年）

的尊嚴同樣的甜美同樣的／愛和陣痛／／我的證明無懈可擊／雖然我不過是可有可無的一粒微塵」和男性詩人表現不同的是，身為女性的璇子，在詩中表現出更柔弱無力的一面。

雪陽和璇子，這一對傑出的中國兒女，這一對漂泊海外不屈的靈魂，祝福你們早日找到靈魂的歸宿。同時，也歡迎你們全家到美麗的寶島台灣來旅遊、作客，台灣詩友歡迎你們的到來！

二〇〇一年九月

幽默一下

出人命了

■台客

我的朋友雪陽與璇子是一對由大陸前往英國留學的夫婦，他們的第一個女兒在英國誕生時，他們懷著欣喜、緊張卻又不失幽默的心情，打電話回老家對父母說：「雙親大人啊！這裡出人命了……」（聯合報繽紛版）

詩壇大姊大

大姊大者，女性中之佼佼者也，其必也在為人處世、進德修業等方面有過人之處，久而久之，博得大家一致的尊崇，其「大姊大」之名稱始得確立。

在兩岸詩壇上，筆者恰好認識了兩位可稱為「大姊大」的女詩人，她們是台灣的涂靜怡，大陸的薩仁圖婭。茲分別描述如下。

．．．

涂靜怡，一九四一年生，台灣省桃園縣人，現任《秋水》詩刊主編，中華民國新詩學會常務理事，中國詩歌藝術學會副理事長。曾獲中山文藝詩歌創作獎、中興文藝獎、國軍第十四屆金像獎（詩歌類）。作品被選入各種年度詩選、辭書、及歷屆世界詩選中。編有詩選《盈盈秋水》、《悠悠秋水》，著有散文集《我心深處》，詩集《秋箋》、《畫夢》等多種。

涂姊繼承先師古丁的遺志，主編《秋水》詩刊，一編就是廿餘個年頭。她將個人所有的公餘時間全部奉獻給《秋水》，無怨無悔。「秋水就是涂靜怡，涂靜怡就是秋水。」曾聽詩壇朋友這麼說。由於盡心盡力，涂姊也深為自己與《秋水》感到自豪。在一次詩的聚會上，筆者就曾聽到她這麼說：「詩壇上寫詩的朋友中，如果有人不認識涂靜怡，那他（她）就不算是眞正寫詩的人。」我想涂姊說些話，是有些理論根據的。

和《秋水》認識較早，記得廿餘年前筆者就讀大學，對新詩產生興趣，就知道有《秋水》這本詩刊，且經常買來閱讀。認識涂姊則是最近幾年的事，由於筆者是《葡萄園》詩刊同仁，且分別加入「中華民國新詩學會」、「中國詩歌藝術學會」，和涂姊經常在一些詩的場合碰面，久而久之，自然就認識了。

認識涂姊的人都知道，涂姊爲人熱忱，卻不善言辭，尤其在大型的公衆場合，要她上台講話，那簡直比登天還難。然而私底下，涂姊卻可以和你侃侃而談詩，幾小時不厭倦。

或許是身爲女人較爲細心吧！涂姊有一項令詩友們頗爲窩心的小舉動，即是在寄上《秋水》詩刊時，會在書內夾上一張精美的小紙條，紙條上面因人而異的寫下幾句祝福、問候的話。由於涂姊的字跡十分娟秀，聽說大陸有不少詩友，都將這些小紙條視如珍寶的收藏著哩。

爲了讓《秋水》詩刊編得更爲精美，涂姊曾經下決心，於百忙之中抽空向名師學習花鳥等國畫，且頗有成就。閱讀每一期《秋水》時，您會發現一幅幅精美的小小的插畫，那些大部份都是涂姊的傑作。爲了展示她的創作成果，涂姊最近幾年出版了好幾本精美的筆記書。每本都是詩、畫配合，聽說在市場上反映不錯，有的甚至還大賣了好幾版。

台灣的「詩壇大姊大」。是的，涂靜怡就是以其數十年如一日的恒心、毅力與耐心，在詩壇上不懈奮鬥，終於爲其贏得這個幾乎沒有爭議的美名。

・・・

薩仁圖婭，本名傅月華，蒙古族，一九四九年生於遼寧北票市，遼寧大學中文系畢業。現爲朝陽市作協主席、市文聯主席、中國蒙古文學秘書長，曾獲全國少數民族文學創作優秀作品獎、東北文學獎、遼寧省報告文學獎等。著有文論集《月華文心錄》、報告文學集《在明代的強弓上》，散文詩集《第三根琴弦》，詩集《當暮色漸藍》、《夢月》等多種。

和薩仁圖婭認識是在一九九五年九月，當時筆者隨中國詩歌藝術學會組成的「九歌行」訪問團前往瀋陽訪問，在抵達第二天的晚宴上，薩仁大姊不遠千里的從幾百公里遠的朝陽市趕來了，她熱心的向每一位團員問候，並分別致贈帶來的詩集及精美紀念禮物。次日，我團前往本溪水洞旅遊，薩仁圖婭也全程陪同。且十分關照每一位團員。由於在聊天時，知道我喜歡石頭，當抵達本溪水洞時，她就熱心的在水洞附近尋找小石頭，送我留念，令我十分感動。

記得在陪同我團前往本溪水洞，坐車抵達後，有一位當地接待的詩友，碰到薩仁圖婭即喊她「大姊」，令我十分納悶。因爲那位詩友的年齡顯然比她大，理應直呼其名或喊「小妹」才是。後來我悄悄問了當地另一位詩友，才知道原來薩仁圖婭待人十分熱忱，雖然已身爲遼寧省人大代表、作協主席等職位，但卻絕無官架子，且十分照顧她所認識的每一位朋友。久而久之，博得大家的尊崇，於是不但年紀比她小的喊她大姊，年紀比她大的也照喊不誤。我才恍然大悟。

薩仁大姊爲人的熱忱、細心，從她對筆者的一件小事即可證明。那次她陪我們前往本溪水洞旅遊，車程中閒聊，我和她談起原欲在大陸出版一本詩集，卻因種種原因而無法如願，她即滿口答應爲我想辦法。訪問大陸結束返台後，我原已將此事都忘了，卻於一個月後接到她的來信，表示已物色一家理想的出版社，希望我儘速將詩稿寄去，後來果在遼寧民族出版社爲我出版了一本《繭中語》詩集。

和薩仁大姊第二次見面是在一九九九年七月，她隨大陸的中國作協代表團來台灣訪問，在台灣的九天行程中，不論是開會或旅遊，筆者都全程陪同。大家愈聊愈熟，後來乾脆在旅遊到高雄的最後一站時，由筆者提議，她、筆者、鄭州大學教授樊洛平，三人結拜爲異性兄弟姊妹，她是大姊，我是二哥，樊是小妹。相信這也是一段詩壇佳話。

薩仁圖婭大姊，是的，如今她不但是我的大姊，更是很多很多詩壇朋友的大姊、大姊大。

二〇〇〇年二月

犧牲奉獻的經理詩人

在台灣的詩壇上，有很多愛詩人，他們一生默默奉獻，出錢、出力，了無怨言，撐起了詩壇一片天空，像早期的覃子豪、紀弦、鍾鼎文、鍾雷等，稍晚的朱沉冬、張默、文曉村、向明、劉菲等，都是較爲人知者。本文筆者卻要介紹一位較年輕的詩人，他對詩壇的默默奉獻，也是不容忽視的。

賴益成，雲林縣斗六人，一九五九年生，私立亞東工專工管科畢業，現任詩藝文出版社負責人，《葡萄園》詩刊發行人兼經理，中國詩歌藝術學會常務理事，中華民國新詩學會理事。曾獲一九九二年全國優秀青年詩人獎，一九九四年省文協績優工作人員獎，一九九七年詩運獎，一九九八年第卅九屆文藝獎章。著有詩集《臨溪詩草》、《罰》，編有《葡萄園目錄》、《詩情詩畫》、《壺詩戀情》等。

和賴益成認識是在我加入《葡萄園》詩刊後，由於他早我好幾年加入，故當我仍是「菜鳥」時，他已是《葡萄園》的中堅份子，甚至一度編過詩刊。在我加入葡刊的兩年後，他接任了「經理」一職。所謂經理者，即是掌管詩社財務，並負責出刊時寄書。這是一個十分繁瑣的工作，前幾任者幾乎都做不到兩三年即走人，然而賴益成自從擔下此重任後，至今已近八年時光，卻一直做得很好，不但每期帳目清楚，葡刊在台灣及大陸的作者數千人，他都以電腦列印管控，做到發行迅速、確實的目的，實在不得不令人佩服。

民國八十三年十月，由文曉村等負責籌劃的「中國詩歌藝術學會」正式成立，賴益成不但當選理事，且被聘爲副秘書長。民國八十五年冬改選理、監事，賴益成不但蟬連理事，且進一步被聘爲秘書長，在這兩年的任期中，「葡萄園詩刊社」及中國詩歌藝術學會先後舉辦了兩次重要的活動，分別是八十六年十月的「面向21世紀97華文詩歌學術研討會」，及八十七年九月的「兩岸詩刊學術研討會」。這兩次研討會都是屬於大型的活動，與會人數近兩百人。其舉辦過程的艱辛，非局外人所能瞭解，在開會時，大家只覺得會議進行得井然有序，會議期間所需的用品諸如論文、禮物、茶水、便當、交通工具等一應具全，哪裡知道幕後人員是經過終年累月的勞累籌劃、奔走、趕工，而賴秘書長就是這兩次大會得以順利舉辦的最大功臣。

民國八十六年初，賴益成突然宣布他要成立一個出版社，且出版的書要以詩歌類爲主，令我十分吃驚。因爲成立一個出版社何其不易，而出版之書以冷門的詩歌類爲主，又簡直是和自己過意不去。然而賴老闆說到做到，從八十六年迄今，不過短短三年，他所經營的詩藝文出版社已出版了卅餘本書，且絕大部份都是詩歌類的，這不得不令我更加佩服賴益成對詩的堅持與奉獻了。

兩年前，我由《葡萄園》詩刊執編升任主編，在一次出刊同仁聚會上，賴益成突發奇想的說，是否以後葡刊每期都設計一個專輯，邀請名家撰稿，如此詩刊應更具可讀性。經過大家認可後，他即興緻勃勃地去策劃、執行。往後幾期的專輯，諸如「古稀詩人」、「學者詩人」、「畫家詩人」、「壺詩戀情」、「詩人寫詩人」等，都是他的成果，使得《葡萄園》不論在質或量都大幅提升，除讀友耳目一新外，筆者也與有榮焉。

賴益成還有一項功績，值得大書特書，即是他於葡刊創刊卅五週年時，編輯出版了一本厚達一千零五頁的《葡萄園目錄》。這本花費了他整整五年寶貴時光所編輯出的大書，不但資料搜羅豐富、整齊，且又以電腦技術克服了人工無法達成的各項分類，諸如〈期別作品細目〉、〈類別作品細目〉、〈作者作品細目〉等。使得葡刊卅五年走過的歷史完整呈現。當書推出，很多詩人朋友閱後深爲感動（如《聯合報》副刊主編陳義芝就曾打電話給他，表示感謝）。大陸名詩評家古遠清與王常新等也立即撰文稱賞。也因這本書，使他獲得了民國八十六年新詩學會的詩運獎、八十七年中國文藝協會文藝獎章等，眞是實至名歸。而據聞國家機構有意借重他的長才，要他編輯出一部更龐大的詩人方面的書，我們且拭目以待。

二〇〇〇年二月

詩人中的詩人

在台灣詩壇上，筆者認識的詩人不少，但感覺上較特殊，可以說是「詩人中的詩人」的，只有兩位，一位是管管，一位是張朗。

由於筆者和管管不熟，僅在幾次大型詩會場合和他吃過飯或開會，故無法深入描寫他，只感覺每次見面，他都是老頑童一個，有說不完的話題。而他去年年過七十，卻又娶了一位如花美眷的梁幼菁女士，也在詩壇引起轟動。管管確是一位多才多藝又永遠年輕的老頑童詩人。

和張朗認識則約在十餘年前，那時我剛加入《葡萄園》詩刊，偶爾以「菜鳥」身份前往台北市參加葡刊的出刊聚會。張朗那種一副玩世不恭，講話時有「放炮」之虞的舉動，頗令人側目。而他永遠一襲花襯衫、卡其褲的年輕裝扮，也讓人印象深刻。

參加了葡刊聚會較久，漸漸地和張朗熟識了，始發現張朗爲人的言行雖有些怪異，但本性卻十分善良，可以說毫無心機。更難能可貴的是他對家庭的負責。張朗的太太由於患了一種長期性的毛病，身體不好，張朗便長期家事一手包辦，數十年如一日的爲家庭操勞，毫無怨尤。這些張朗都不輕易對外人語，只有葡刊極少數同仁知悉。

張朗，本名張領義，一九三〇年生，祖籍湖北省孝感縣，現定居於淡水。大同工學院機械系畢業，曾服役軍中，退伍後轉任教職，一九九二年退休。曾出版詩集三本：《一千個希望》、《漂水花》及《淡水馳情》。

張朗曾於某次葡刊中聚會中說明他的筆名「張朗」的由來。「張朗」和「蟑螂」幾乎同音，張朗說他一生過得極爲窩囊，就像成天躲在黑暗角落的蟑螂一般，故取筆名爲「張朗」。相信這一段話也是詩人對人生的有感而發。

和張朗接觸較久的一次，是我們一九九三年前往大陸訪問期間。那時以葡刊同仁爲主的「葡萄園詩社大陸訪問團」一行共十二人。我和張朗被分在同一房間。在整整一個月的時間裡，我們都同室而寢。其中甚至有四日我們是擠在長江渡輪上小小的船艙裡，他睡下舖，我睡上舖。我們無話不談，旅途中偶有新作，也互相觀摩、批評。大部份時間都是張朗給我指導，使我獲益匪淺。

由於張朗兄較偏激的個性，使他和葡萄園詩社內的一些同仁關係始終處於「緊張」狀態，終於導致他於五年前因小事憤而退出葡刊。退出葡刊後的他，並未因此對詩產生消極；他又參加「三月詩會」的每月論詩活動，且十分積極、熱心參與，一度被該會的詩友們送了一個封號——修理廠的「廠長」，由此可見得張朗兄對詩的認眞態度。

除了參與每月一次的「三月詩會」活動外，最近幾年張朗兄更投注大量精力與財力於編輯詩選的工作中。《當代名詩人選》一、二集、《小詩瑰寶》、《當代愛情詩精選》，都是他努力後的成績，也因此使他更獲得詩壇的認同。

最近幾次在一些詩壇聚會的場合和張朗碰面，問起他尚有些什麼計劃，他總答：「老了，沒辦法了。」張朗兄已年屆七十，且又有諸多宿疾纏身，使他感慨心有餘而力不足，或許這是他的由衷之言吧！但筆者仍期望張朗於老年人生閱歷正成熟時，多寫些好詩，以留名於詩壇。

一九九九年九月

台客（左）張朗（右）和女詩人梁依合影（1993 年於北京）

樸實老爹汪洋萍

——兼論《浮生掠影》一書

汪洋萍老爹又寄來一本他的最新詩文集《浮生掠影》，這是他的第十本著作，令我欽佩，也感到慚愧。欽佩是針對他老而彌堅的勤奮好學精神與寫作毅力；慚愧則是感覺自嘆弗如，以及由於忙碌與疏懶，對於他以前的一些贈書，總是草草翻閱，沒能作深入的閱讀。

汪洋萍老爹一九二八年生，今年已七十多歲了。我們是老鄉，同住在台北縣鶯歌鎮，他家距我家不近也不遠，走路約十五分鐘，騎機車約五分鐘。我們時相往還。有時他散步走路來我家坐坐，有時我騎機車有事前去找他，不管是在他家或我家客廳，我們總是愉快的聊著一些文壇上的大大小小事情，直到盡興。

在我認識汪老爹十多年的過程中，我可以總結，汪老爹是一位公認的三「好」先生。在家中他是位好老公、好老爸，在文壇上他更是一位標準的好義工。文壇上有什麼活動，做事情總見得到他的身影，捐錢他也是一馬當先。他是一位謙謙君子，待人處世，和和氣氣，總是抱著寧願自己上當，也不願別人吃虧的態度。他又是 國父孫中山先生的忠實信徒，儒家精神的服膺者，從他的身上，我看到了很多堅毅樸實無華的影子。在當今社會一片崇尚虛矯浮糜中，汪老爹無疑是山澗裡的一泓清泉，汩汩流著，只是你要有眼光，才能發現。

汪洋萍老爹是安徽人。他一九五〇年代隨軍來台，一生服務軍、公、教職數十年才退休，以前我是大抵知道的，但是也不十分清楚。直到讀到他的這第十本詩文集《浮生掠影》裡的文章「幸福的童年」、「苦難的少年」、「凶險的青年」、「踏實的中年」才眞正瞭解。也更加佩服。在那個動亂的年代裡，有多少人默默地倒下了，連名字也沒有留下；有多少人載浮載沈，被社會的大染缸呑沒。只有夠堅強，夠毅力者，才能倖存，汪老爹是其中的一員，且是佼佼者。在閱讀他的這一部份自傳式的文章時，我的情緒幾度高低起伏，爲其人生際遇的悲喜而感慨、感嘆！汪老爹在安徽老家的本名是汪承宗，爲何來台後改名爲汪洋萍呢？原來是他從軍初次由廣州乘坐軍艦至海南島時，在海中感嘆自己像汪洋大海中的一葉浮萍，因而改名。由這個改名動作，也可以看出他爲人處世一貫的謙和態度。

最後我要談談《浮生掠影》這本書中的兩卷新詩：第一卷「爲歷史見證」共收長詩六首，第二卷「暢抒胸懷」共收短詩卅三首，基本上這些作品都如作者在「自序」中所說的「我的詩文，是表達我對人生意義與生命價值的詮釋……」或許就詩言詩，很多詩篇都感覺「白」了些。然而基本上他的詩就如他的文，是在針對時政以及社會各種現象，提出個人的針砭與看法，一位七旬老兵的忠言，一位諄諄長者的建言，值得這個社會細細省思。

二〇〇三年八月

魯松其人其詩

魯松是《葡萄園》詩刊的同仁、副社長，家住台中。由於台中距台北路途遙遠，我們見面的機會不多。記憶中每年魯松兄總會北上個兩三次，參加重大的詩會活動，或《葡》刊的出刊聚會。每次來總是形色匆匆，大家僅僅是打個招呼，寒暄幾句，並沒有眞正的深談。

我們也曾經前往台中魯松家拜訪過一次，那是一九九五年十二月十七日，北部同仁包括文曉村夫婦、金筑、賴益成及筆者和薛雲，六個人共開了兩部轎車南下。先至彰化拜訪楊火金同仁，再一起至台中拜訪魯松家，然後大夥再開車至靠海的彰化縣大城鄉拜訪喬洪同仁。在喬洪家中用過豐盛的午餐後，再至田尾鄉公路花園購花，那天晚上大家又在魯松家中小聚，魯松夫婦請大家吃現煮的水餃，雖然只是一頓簡便的晚餐，但大家吃得津津有味，至今難忘。

在我編《葡萄園》的這幾年歲月中，對於魯松，我有一個感想——他眞是本刊的一位標準的「公務員」。何也，蓋他每期總是最準時的交稿者——約在每期截稿前兩個禮拜左右，他就將稿子寄來，數年如一日。記憶中我沒有打電話或寫信向他催過稿，這和某些少數同仁，每期總要編者再三催促才願交稿，我不得不心中暗自感激魯松。而這或許也和魯松兄長期行醫，養成一絲不苟的爲人處世習慣與心態有關吧！

．．．

寫了幾十年的詩，魯松兄終於在去年八月份出版了他個人的第三本詩集《霧鎖陽關》，眞是可喜可賀！

《霧鎖陽關》詩集，承襲著前兩本詩集《蒼頭與煙斗》、《鑼聲三響》的一貫穩健風格，一路走來，始終如一，詩人留下了諸多對歲月與人生的感慨痕跡。

魯松的詩，約在明朗與晦澀之間，他寫詩注重段落整齊，詩行字句分佈自然但起伏不致太大，這和筆者的風格十分類似，故他的很多詩，都深得筆者的喜愛。

翻閱《霧鎖陽關》一書，令人愛不釋手的詩很多，限於篇幅，僅舉其中兩首中的各一節稍作說明。

花的金黃，葉的碧綠
成長的豪華不在富有
擁有季節的變遷
我乃是這茅屋簷下的一隻毛蟲

本節是〈絲瓜〉一詩三節中的最後一節。前兩節是說鄰家的絲瓜藤，爬到他家的門墻上，落地生根，開花結果，於是使得原本幽暗的小院落「憑添一絲秋意」，陽光從花葉間透下來，

「成爲我孤獨中唯一的訪客」。

從生活中一個極細微的偶然觀察，詩人竟能提煉出這麼一首頗富意境的田園詩，令人不得不佩服、贊賞，而筆者尤喜愛最後一行「我乃是這茅屋簷下的一隻毛蟲」。

走慢一步
中台灣的火葬場
就掛不上號。乘火車
送他到高雄，等候
分批火化……

本節是〈斷垣殘壁悼亡魂〉一詩中四節中的第三節，也是台灣一九九九年九月廿一日發生大地震後，詩人爲大地震所寫的數首詩之一。詩中每一節敘述的山崩、地裂、人亡的景象，都令人動容，而此節，尤令人觸目驚心。回憶大地震發生後的那一個星期，各地災情不

楊火金、賴益成、喬洪、金筑、魯松、薛雲、台客、文曉村合影於喬洪家大門口（1995 年）

斷出籠，場面之混亂，氣氛之凝窒，似可以此段爲代表。試想一車又一車，無法在中台灣取得火葬機會的棺木，呼嘯著行駛在南下高雄的高速公路上，那種氣氛，見者不唏噓者幾兮？

詩人能把握新聞報導，以最理性而眞實的面貌入詩，爲歷史留下見證，令人敬佩！

・・・

當然，魯松兄的詩也不是沒有缺點，書中某些詩有句無篇；有些詩寫得太「隔」，令人讀後無所感，這些都是需要改進的地方。

總之，期待詩人魯松，百尺竿頭，更進一步，在往後的歲月中，創作出更多令人印象深刻的好詩。

二〇〇三年元月

為抗癌勇者加油

約是去年春吧！筆者編輯《葡萄園》詩刊時，接到寄自山東的詩人周興春的來稿，稿中附一函，表示自己目前罹患血癌，但極愛詩，希望藉著投稿，加強兩岸詩歌文化交流。由於詩稿尚差強人意，筆者遂選擇一、二刊於《葡萄園》詩刊上。

又過了一陣子，周興春詩人又寄來另一批稿，並寄來他的詩集《生命的贊歌》，基於禮尚往來，我也寄了筆者的一本書給他。周興春在接到書後，十分高興，在回覆的道謝函中，較詳細的述說了自己目前罹癌的狀況，儘管情況十分不樂觀，但他說：「愛詩、寫詩的心永不改變……」、「儘管白血病的巨額花費，使我深深陷入絕境，但爲了詩歌的發展，爲了海峽兩岸的交流文化，寧可少打一針，也要訂一份《葡萄園》……」對於他的這份對詩的執著與熱情，令我深深的感動。

今年四月初，我又接到他的第三本詩集《生命的頌歌》，這是他繼《生命的戀歌》、《生命的贊歌》之後的第三本詩集。接到書後，我立即打開閱讀。首先閱讀書前兩位詩評家的序文，再讀書後詩人的「後記」。「後記」中詩人詳述了近一年多來，他在寫詩道路及和血癌的最新奮鬥過程。對於一些親朋好友、師長學生及讀者對他的直接、間接鼓勵與支持，他都一一銘記在心，並一一列名感謝。他說：「我應當爲讀者活著，爲讀者而勤奮寫作，爲這個美好人間而勤奮工作，獻出自己的一切。」

然而惡毒的癌症病魔卻不放過他。文章中說：「今年進入八月份以來，病情惡化，所服用的舊有的化療藥雖加倍使用，也沒能阻止病情的發展，腹中的肝脾兩臟一天天腫大，到九月末，自己已摸到脾腫如二斤多重的地瓜塊，身體也日漸衰弱……」經過進一步到大醫院檢查，醫生建議他改服最新的抗癌進口新藥「格列衛」，「口服此藥，可維持生命再活三、五年」，然而此藥卻貴得嚇人，一個月需花費約人民幣三萬元左右，「而醫院又不給報銷『格列衛』這個藥的藥費」。這使他陷入極大的困境，他曾想到以自殺方式結束自己的生命，然而他的愛妻一再的鼓勵、支持他：「咱就是傾家蕩產，砸鍋賣鐵，也要保你的命……」終於使他放棄自殺的念頭，積極再次展開和癌症病魔的頑

詩人周興春近照

抗。

詩人周興春，一九五二年生於山東省禹城市，中學畢業後在家務農，當過赤腳醫生、代課老師、公社計劃生育幹部等工作。一九七九年考上山東師範大學歷史系，一九八三年獲歷史學學士學位。畢業後分配到中共德州地委黨校任教，一九八九年調德州師專歷史系，現爲德州學院歷史系副教授，山東省作協會員。

詩人周興春，罹患癌症五年多來，痛苦不堪，但也創作不懈，他在病中積極思索人類的未來，生命的本質等等問題，再經勤奮努力不懈的創作，終而寫出了「生命三部曲」——《生命的戀歌》、《生命的贊歌》、《生命的頌歌》三本詩集。他說：「這套詩集是我對生命及人生、社會及文明、歷史及現實、愛情及親情友情、自然及人類諸方面的感受與思考，是我生命倒數計時裡的感情與思想的記錄……」

在《生命的頌歌》這本詩集裡，他寫下諸多和癌症病魔奮戰的心路歷程，令人動容。如第廿六頁的〈直面死神〉：「失去動力的船／任海風蹂躪／失去綠色的葉／任寒風與雪霜殘踏／失去生命之根的絕症者／任病魔與恐懼摧殘／／血在滴／淚在流／直面死神／直面無盡的黑暗／直面與親人痛苦的別離／／斷喝一聲／與死神拼鬥／讓生命之花開在親人手裡／那裡有割捨不掉的情」如十四頁的〈永遠年少〉的最後一段：「怎麼辦／是在魔鬼的手中痛苦的死去／還是在魔鬼面前拼殺／將魔鬼趕跑／在拼殺中／高唱生命的頌歌／一天不死一天年少」如第三頁的〈生命需要核爆〉的第二段：「爆炸吧／以熱核的威力／炸穿鍋底　熄滅毒火／炸飛鍋蓋　驅散歹氣／爲生命的存活／拼死一爭」。

在寫完以上段落後，我不禁拿起桌上電話，從台灣撥到山東給周興春，他接了電話，十分高興。我感謝他的贈書，向他的抗癌勇氣表示敬意，並簡短的再次詢問病情，向他致以最高的祝福。

二〇〇五年四月

深沉的悼念——悼艾青

艾青逝世了，我是在數日後由文友的電話中得知，內心感到震驚、難過，也有些悵然……

艾青是中國大師級的詩人之一，其詩明朗中富含深沉的寄寓及想像之美，閱讀起來至爲愉快。以前由於兩岸不相往來，致使台灣讀者甚少能讀到他的詩作；兩岸開放後，雖也能從某些選集中讀到幾首艾老的詩，但實在太少了。直到一九八九年文曉村先生在艾青先生的授權下，在台灣出版了一本《黎明的通知——艾青詩選㈠》，內收長短詩共卅七首，才讓人更加瞭解艾青。筆者就是讀到這本書，對艾青的詩無限喜愛，而產生進一步拜讀他更多詩作的念頭。惜逛了幾回書店，再也沒能買到有關艾老的著作。最後只好厚著臉皮，登門開口向文曉村老師商借，承他慨允，借我厚厚四大鉅册大陸版的《艾青全集》精裝本，及一本專門研究艾青的論著周紅興著《艾青的跋涉》。我如獲至寶，返家後無數個夜晚，仔細拜讀，對一代大師有更深一層的認識。

誠如古遠清兄在「艾青，一個閃耀著特異光芒的名字」一文中所說，艾青的詩風兼具樸素、單純、集中、明快之美，艾青的詩「感情既平淡又強烈，想像自然而又新奇，形象鮮明而又蘊藉，語言口語化而又散文美」。確實，只要讀過艾青詩的人，沒有人會不深深喜愛、著迷、讚嘆的。

艾青是中國詩壇真正的一位大詩人，也是我內心一直景仰、效法的對象，驚聞艾老逝世，謹以此小文，表達深沉之悼念。

一九九六年五月

安息吧！耿老

耿殿棟老先生逝世了，噩耗從電話中傳來，我不禁黯然。文曉村老師在電話的那一端，哽咽著說，我們又失掉了一位忠實的老朋友。確實，耿老，隨著年歲的增長，才知道世上要尋覓一位知心、忠實的老朋友何其難呀！而耿老就是我們其中的一位，數十年來默默的犧牲、奉獻，用最實際的行動，支持、幫助朋友，用一點一滴的愛心，灌溉友誼的花朵。這朵花在陽光下正蓬蓬勃勃的盛開，想不到卻晴天霹靂，一響無情的雷聲，一道刺人的閃電，擊落了這朵友誼的花朵。思之，豈不令人黯然神傷！

和耿老認識是在參加葡萄園詩刊卅週年的慶祝雞尾酒會上，耿老受邀上台致詞，由於我是記錄，故特別仔細聆聽。耿老說他不會寫詩，但葡萄園詩刊每期的詩，他都仔細的讀過；不但自己讀，還自費寄給大陸上喜愛文藝的親朋好友閱讀，我聽了甚爲感動。因爲像這樣自己不寫詩卻又喜歡詩，擁護詩的人太少了。後來我才發覺，原來他除了是一位名外科醫師外，還是一位著名的攝影家。藝術是相通的，難怪耿老外表上看不出一絲世俗氣，難怪耿老會那麼喜歡詩了。

和耿老見第二次面，是在耿老永和的家，也就是他主持的金陵外科醫院。和文曉村、晶晶、金筑等幾位開車前往拜訪他，因爲葡萄園有一期的封面決定用他的攝影作品。他要我們親自來選。打從進入金陵外科的客廳，就接受他和夫人親切、熱忱的款待，又是飲料又是水果的，害得我們甚爲過意不去。細細打量醫院裡的佈置，除了耿老看病的診療室和藥房外，寬敞的客廳裡，牆壁上四處掛滿了耿老滿意的攝影作品，桌上則擺滿了耿老的攝影專著及獎盃、獎狀等，這簡直就像一家攝影藝術展覽館嘛！而聽說耿老居住的二樓，藝術氣氛更濃，後來又有一次我們上去參觀了，果然是琳琅滿目，美不勝收。其實這些攝影名作，獎盃、獎牌，都是耿老用無數血汗，辛辛苦苦換來的，絕非浪得虛名。

耿老逝世了，記得和耿老見最後一面是在今年年初某日他家的二樓客廳裡。那時耿老剛動完手術後從醫院回來，我和文曉村、金筑、晶晶等幾位朋友前往探視他。在客廳座椅上，雖然看起來較以前清瘦，但他的精神還是很好的。他和我們侃侃而談，談他的攝影歷程、談他的讀詩感想、談他的各種喜好和人生觀。由於我和耿老尚不太熟悉，絕大部份時間，只是靜靜的在一旁聆聽，靜靜的點頭。感覺耿老眞是一位對朋友熱忱，對藝術執著的長者。而如今耿老去了，我無緣在生前再見他一面，和他道別，不過我想耿老應該會去得很安詳、和樂。因爲這一生他曾經很努力的奮鬥、奉獻過，獲得無數掌聲，也獲得無數眞摯的友誼。仔細想想，人生的價值不也是這樣嗎！

耿老，如今病魔雖然奪走了您的軀體，但您的精神是長昭的，您留下那麼多樂善好施的感人事跡，您留下那麼豐富的攝影藝術佳作，您是不朽的，我們會永遠懷念您。

耿老，安息吧！

一九九五年四月

中華民國新詩學會理事長綠蒂和台客合影（1993 年）

鈴聲不再響起

——懷念林玲姊

鈴聲已經止息，它永遠不再響起。

像一朵盛開在枝頭的花朵，突然被狂風吹跌；像一隻快樂飛翔在天空的鳥兒，突然被槍聲擊落。林玲，一串響亮的鈴聲，從此不再響起。

昨夜，南台灣的天空，一顆慧星匆匆劃破天際，消失在無垠的蒼穹裡。仰望的人們，心中爬滿了淚。

·　·　·

和林玲姊認識是在去年隨葡萄園詩社組團訪問大陸時，在訪問首站的北京，林玲姊和她的詩人丈夫李春生兄，以及海鷗詩刊的同仁路衛夫婦，連袂來到我們下塌的旅舍和我們會合。此後幾天在北京的行程，林玲夫婦都和我們在一起，林玲姊親切、爽朗的個性，讓我感到一見如故，就好像她眞是我的親姊姊一般。

林玲姊是寫散文的，曾經出過數本散文集。由於文學是相通的，何況在詩人丈夫李春生的影響下，故林玲姊偶爾也寫寫詩。林玲姊有一首詩「小小鼓手」，是描寫她剛生產時，對身旁幼兒的呵護與期許，寫得相當感人，我很喜歡。當我們的訪問團抵達河南鄭州，在某次座談會上朗誦節目時，我即主動上台朗誦了這一首「小小鼓手」。朗誦完畢，林玲姊一直向我致意、感謝，讓我覺得很不好意思。但由此也可見得林玲姊待人的虛心與誠懇態度，使我更加對她產生好感。

結束大陸之旅返回台灣後，由於她住南，我住北，相隔甚遠，見面不易也甚少聯絡。倒是她履行了在大陸時的承諾，用郵包寄來了好幾本她的散文集及春生兄的詩集等給我。我都仔細地閱讀，更加認識了林玲姊的思想與為人。記得在《第一個十年》一書裡有一篇〈我家牛肉麵〉，描寫她學習做牛肉麵的經過，並說已經出師，做得一手好牛肉麵，曾經吃過的親朋好友莫不讚不絕口。讀完了此文，讓我也食指大動，恨不得早一天到她家作客，吃吃她親手做的牛肉麵滋味。

今年農曆年春節，我到南部高雄探親，本有機會到她家做客吃到牛肉麵，但因南下時匆匆，忘了帶她家的電話號碼，致沒辦法聯絡而作罷。那時還想，無妨，反正南部我常來，下次再到她家去吧！想不到，想不到，如今，牛肉麵是永遠也吃不成了。

半年多前，林玲姊腦中長異物的消息，經由文曉村老師告知，我即擔心不已。除心中暗祈禱上蒼保佑外，並去信問安，玲姊很快回了信，表示感謝。此後再經過一段日子，又聽文老師說情況更加不妙，玲姊已北上住進北投榮總醫院，接受特殊的鐳射治療。我即和金筑兄專程前往探視。此時玲姊除了臉部因吃中藥過多而略嫌浮腫外，一切似乎仍然正常。我和金筑和她閒聊了約半個鐘頭，爲了不願過度打擾病人，只得告辭。想不到，想不到，這竟然是我見到她的最後一面，嗚呼！玲姊，上蒼何其不仁，竟然忍心如此迅速的剝奪了妳正盛開的、蓬勃的花朵般的生命？

林玲姊走了，走得如此不甘與突然，讓我們這些後死者都感到無限的哀惋與悲傷。然而我們這些後死者仍要打起精神，完成玲姊生前交待的遺言。玲姊希望將她生前出版的作品，精選出一本散文選，在台灣及大陸分別出版，讓她的光和熱持續散播在人間。我們希望這個遺願早日實現，也深信在其夫春生兄的策劃及諸多文友的幫助下，很快即能實現的。

死者已逝，生者何堪？嗚乎哀哉！玲姊，倘若地下有知，魂兮歸來！

一九九四年九月

懷念鍾雷老師

鍾雷老師逝世了，六月下旬某日，由詩友於電話中告知，雖然明知近幾年來由於年歲已大，他的身體一直欠佳，但突如其來的噩耗，仍然令人感覺震驚與悵然。

鍾雷老師是我國詩壇少數受尊崇的前輩之一，他的才華是多方面的，除新、舊詩詞創作外，他還撰寫小說、散文、電視電影劇本等，且都取得豐碩成果，尤其在劇本方面。鍾雷老師還有一項專長，即是擅於金石篆刻。他一生中得過的獎項與代表國家參與各種國際盛會，更是數不勝數。而難能可貴的，北平中國大學畢業的他還是一位儒將，抗日戰爭時，他毅然投筆從戎，由二等學兵做起，一路晉升至班、排、連、團、旅、師長及政戰部主任、參謀長、旅長等職。並曾兼任山東曹縣、單縣以及河南虞城三縣縣長。

記得約卅餘年前，筆者就讀初中時，對新詩稍有涉獵，即知道詩壇上有鍾雷這位名詩人，且十分景仰，但始終無緣見面。直到十年前，筆者因緣際會加入《葡萄園》詩社，才有緣在葡刊創刊卅週年的慶祝酒會上瞻仰了詩人的風采。當時鍾雷先生是以詩壇前輩貴賓的身分前來致詞。由於那次酒會由筆者擔任記錄，文章發表後，引起鍾雷老師的注意，以後老師凡出版任何新書，都不忘寄一本給我研習，使我十分感激。

記得約五年前吧，有一次本刊出刊例行同仁聚會，名詩人王祿松也受邀參加。會中王祿松告知鍾雷老師正生病住院，並提議會後坐車前往醫院探視，大家無異議同意，隨即坐車前往。鍾雷老師因患心臟動脈血管阻塞症狀而住在國泰醫院的病房內，其時已度過危險期，看到我們一行七、八人集體前往，十分高興，坐在病床上一一和我們握手、聊天，即使對我這位名不見經傳的小詩人，他也是熱忱的招呼，並一再表示感謝。而他的夫人白蒂華女士及公子翟翬也隨侍在側，一再向我們致謝，令我們反而十分過意不去，此事至今令我印象深刻。

民國八十三年，正值第十五屆世界詩人

鍾雷老師（右）在第十五屆世界詩人大會上吹蠟燭慶生

大會在台召開之際，我想趁此機會出版一本詩集，以便於大會中分贈與會詩人。詩集的名字取名爲《故鄉之歌》。當時想請一位詩壇有名的詩人兼書法家幫我的詩集題字，首先想到的就是鍾雷老師。於是寫了一封信詢問老師意願。想不到鍾雷老師馬上答應，並於幾日後即將書妥後的四個毛筆字寄來。如今望著書桌上《故鄉之歌》詩集封面上的四個龍飛鳳舞四個大字，想到恩師已然遠去，怎不令人黯然。

最近幾年來，由於我擔任《葡萄園》詩刊的編輯工作，有時會打電話給鍾雷老師，請他寄稿給本刊。鍾雷老師在電話中總是以一貫熱忱的語氣答應。有少數幾次，他表示手邊最近沒有詩稿，但一有創作，當即寄上，果然總是在截稿日左右，收到他的詩稿，令我十分欣喜。由此小事即可見得鍾雷老師一生信守承諾及謙恭待人的態度。由此事也使我聯想到我們詩壇上總有一些狂妄自大及言行不一的所謂詩人，他們和尊敬的鍾雷老師比起來，眞可謂星辰與塵沙之別了。

古人有云：「哲人日已遠，典型在夙昔。」綜觀鍾雷老師的一生，允文允武，功在黨國。如今雖然天不假年，但他留給後人豐富的文學資產及傳奇一生，必可使其光與熱繼續在人間散發。鍾雷老師是不朽的，就如他一生最衷愛的詩詞小說，鍾雷老師是不朽的，就如他一生最衷愛的戲劇篆刻。

一九九八年八月

前輩，慢行
——悼念王老在軍

前輩詩人王在軍先生逝世了，千禧年底前由文曉村老師電話告知，令我頗感手足無措，人生何其苦短，光陰何其匆匆，眼看老友一個個相繼凋零，原本肅殺的冬天，就感覺更加寒冷了！

和王前輩在軍認識大約在十年前，那時筆者剛加入葡萄園不久，有一次前往教師會館參加同仁聚會，王前輩赫然在座。見了我即親切的問候，並親筆簽名送了我一本他剛出爐的大作《理想世界》，這是一本三萬行的長詩，全書厚一千七百餘頁，重達近兩公斤，拿在手上沈甸甸確實十分具有份量。是什麼樣的一種理念與堅持，促使他完成此本皇皇巨著，這是我急欲想知道的答案。返家後翻閱書中的自序與後記，才稍爲明瞭，原來是基督的感召與對這個世界的大愛，促使他克服萬難，歷時十年功夫，終於完成此書，以下筆者試摘其「自序」中的一小段，以顯示王老寫作此書的辛勤並對其表示敬意：「理想世界這部世界史詩我寫得很苦，眞的是十年苦讀十年苦寫，尤其是近五年來，什麼星期、什麼假日，都在埋頭苦思苦寫，把老伴冷落了，對三位可愛的兒女，也沒有盡到管教責任……」

和在軍老見過面後，往後在每次同仁聚會上我們都會寒暄幾句，但還是不太熟識。再過兩年，我擔任葡萄園的執行編輯工作，聯繫也就較緊密。在軍老是一位做事十分仔細十分有時間觀念的人，每期他總是準時在截稿前將稿子以掛號信寄來，並打電話詢問我收到了嗎？王老的詩幾乎都是十行左右的短詩。他還有一個怪脾氣，他的稿子不許別人更動半字，且堅持自己最後一校，或許這也是個性使然吧！

和在軍老過從較密的一次是在一九九四年八月下旬，即是第十五屆世界詩人大會在台北舉行期間，高齡七十五歲的王老也興致勃勃的前來參加。由於視力明顯退化，他讀

王在軍獲頒榮譽博士學位，台客幫忙拿著證書合影（1994 年）

書看字顯得十分吃力，即便是餐桌上的菜色他也分辨不清，於是我便成了他的義務助手，隨時跟在他的身邊照顧他。大會進行到第四天，舉行一個頒獎典禮，由世界文化藝術學院院長鍾鼎文博士親自頒發「榮譽文學博士」證書給與會的來自世界各國對詩壇卓有貢獻的詩人，王在軍先生即是其中一位，他以《理想世界》這部世界史詩獲得殊榮，王老顯得十分高興，大家也都誠心向他道賀。

在軍老蒙主寵召了，以八十高齡仙逝，應是死而無憾。回顧王老的一生，年輕時從大陸隨軍渡海來台，隻身流浪，備極艱辛，靠著自己不懈的奮鬥，中年卓有成就，曾是一家大企業的老闆。他的家庭十分美滿，妻賢子孝，又因篤信宗教，精神上有所寄託，王老晚年過得十分舒適。除了《理想世界》一書外，王老還出版過三本詩集《雨與淚》、《心湖》、《筆》，都獲得詩壇十分正面的評價。據文老師電話中告知，王老臨去前數月一直昏昏沉沉，卻突然在逝世前一天神智清醒，告知其夫人，他去逝後不要驚動大家，即便連遠在外地的兒女也不要告知，只將遺體悄悄火化一切後事處理完後再通知一聲即可。王老就是這麼一位處處爲他人設想的人，只是如此一來，我們這些老朋友，連見他最後一面都未如願，終不免感覺十分遺憾呀！

二〇〇一年元月

吳奔星與葡萄園

詩壇凋零何其速，當我們還沉緬在悼念一代泰斗臧克家的逝世（今年二月），尚未回神時，南京的老詩人吳奔星又於今年四月辭世，享年九十二歲。吳奔星的兒子南京新華日報主任編輯吳心海，隔海傳眞給我，信中說：「家父和台灣的詩人交往不少，但和葡萄園詩刊的諸位詩人聯繫是最多的……」基於此，筆者不妨就於本文談談吳奔星和葡萄園的關係吧！

吳奔星最早發表在葡萄園詩刊的詩是一〇五期（一九八九年冬季號），這一期的作品是〈你是一棵懷鄉樹——寄定居美國的台灣詩人紀弦〉。原來他和紀弦在三〇年代即是好朋友，但由於戰火及政治對立，他們有幾十年分隔兩岸，無法聯繫。好不容易八〇年代後期兩岸又可通聯了，他的第一首詩當然是寫給他的這位老朋友了。

葡萄園一〇六、一〇七合刊（一九九〇年春季號），以「虹橋飛塹」爲標題，爲吳奔星製作了一個專輯，內收有他的五千餘字自敘帖長文「詩歌爲伴六十年」、三篇詩論及詩作四首，專輯共占十一頁（約爲全書的十分之一），可見得當時的主編吳明興對吳奔星教授的重視與他們之間的超年齡友誼。

吳奔星在往後的數年裡，又陸陸續續在葡刊發表了不少詩作，分別爲一〇八期的〈綠遍江南〉、一一〇期的〈獨木橋〉、一一一期的〈一線天〉、一一二期的〈期待的春天〉、一一五期的〈贈艾青〉、一一九期的〈悼亡——泣別內子李興華女士〉、一二〇期的〈山與人〉、〈並非都是爲了愛〉、〈難與易〉、一二五期的〈哭和笑〉、〈時間與愛情〉、〈籠中鳥〉。一二五期以後，或許由於年事已高，不再創作，就沒有再寄稿給本刊。

吳奔星曾在「詩歌爲伴六十年」一文的「關於詩」小節中說：「詩需要散文美，但須力避散文化；詩需要『朦朧』美，但須力戒『朦朧詩』（晦澀難懂的詩）。」又說：「文學是人學，詩學是情學，詩而無情，便是非詩」可見他寫詩的主張是和本刊揭示的「健康、明朗、中國」的詩風是相近的、不謀而合的。

筆者曾於二〇〇二年主編一本《不惑之歌——葡萄園四十週年詩選》，這本書共選用了包括台灣、大陸及港澳海外共二六四位詩人的二六四首詩作，吳奔星的一首短詩〈山與人〉也搜羅其中，原詩如下：

這座山，
那座山，
億萬斯年，
青眼相看，

不覺寂寞，
這批人，
那批人，
不過百年，
你爭我奪，
不甘寂寞。

全詩僅短短兩節十行，以一個簡單的對比，即描繪出了人性醜陋的一面，令人深思良久。吳奔星的夫人李興華女士，生前（一九九一年五月）曾來台探親，並和本刊包括文曉村等多位同仁見面餐敘，這也是葡萄園詩刊和吳奔星老詩人多年友誼互動的結果。一九九二年八月，本刊創刊卅週年，吳奔星特別寄來一文祝賀（刊於一一五期），茲重新抄錄於後，見證雙方長久不變的友誼並悼念之。

「台北的《葡萄園詩刊》創刊卅年了。孔子說：『三十而立』。時移勢變，『立』的含義也就因時因勢而異。『立』，首先指人到卅，已經成熟，有了獨立的主體性。其次指詩刊的詩也已成熟，有獨創的風格。卅歲的《葡萄園詩刊》其所以挺立於詩林，就是說上述二義它已兼而有之。這是由於《葡萄園詩刊》的創辦人，團結了廣大的文朋詩友，以信心、恒心、決心、耐心，克服了各種各樣的困難，才能『立』得如此挺拔，如此的吸引人心。它的影響早已及於港、澳和海外，近幾年來，更深入大陸，詩友們都知道有《葡萄園詩刊》的存在。在兩岸關係日益密切的當前，詩人與詩刊的雙向交流，實開文化與文學的雙向交流的先聲。當此《葡萄園詩刊》創辦卅週年到來之際，謹祝《葡萄園》裡的葡萄更加成熟，更加甜蜜，爲兩岸關係從疏遠到親近，做出有益的貢獻。」（吳奔星寫於一九九二年三月廿八日）

二〇〇四年六月

詩人朱沉冬照片

懷念吾師朱沉冬

今年五月卅一日，前往羅斯福路的中國文藝協會開會，偶而見到牆壁書架上陳列著一本詩集《北美詩抄》，作者是朱沉冬，眼睛爲之一亮，立即抽出仔細翻閱，一幕幕往事，也不覺浮上了心頭……

一九七四年夏季，筆者大學畢業，九月奉調入伍，在苗栗縣的斗煥坪中心受訓一個月後，抽籤分發到南部高雄縣鳳山市衛武營區的師部服役。由於筆者較幸運，不久就被借調到同營區的陸訓部軍法室擔任文書處理工作。陸訓部是高級軍事單位，每天採上、下班制，下午五時即可搭交通車外出，十分方便。然而對於家住北部的我來說，卻也頗感苦惱，因爲人生地不熟，每次外出除了看電影、逛街、蹲書店，幾乎無處可去……

由於自己大學時期即迷上新詩並嚐試創作，如今雖然離開校園，但對新詩的熱愛仍然持續。每天坐車離開營區到高雄市區閒逛，在書店裡特別注意的就是詩集和詩刊。有一次在高雄市鹽埕區的「大舞台」書局，看到一本《山水詩刊》，立即買回閱讀。薄薄的約二、三十頁的山水詩刊，顯得十分簡陋，然而這是一本高雄在地詩人們辦的刊物，主編正是朱沉冬先生。我閱讀起來十分親切，也很期盼有一天能和刊物中的詩人們諸如李春生、朱學恕、張為軍、阜東、白浪萍等等見面、討教。

又有一次，偶然路過高雄市救國團，見到大門口貼有一份招生簡章，簡章上面羅列著各種補習教育諸如挿花、日文、英文、烹飪、團康等等，我一一仔細閱讀，最後發現有一欄「文藝創作」頗引起我的興趣，再一看授課老師是朱沉冬，於是就毫不考慮的決定報名參加。

文藝創作班一期是三個月，每星期二、五晚上七至九時上課。開班了，第一次前往上課，班上學員約有廿幾人，都是廿幾歲的年輕人，女又多於男。廿多位學員中，約有三分之二是老學員，有些甚至已學了三期、四期，像我這位新來的學員，自然也引起大家的注意與興趣，而我對班上學員們自然也充滿好奇，尤其是對其中一位長得面龐清秀的女孩。因為上課時朱老師經常提到她的名字，美雲長美雲短的。後來才知道她叫薛美雲，已經學習過三期，朱老師任命她為班上的班長（後來這位朱老師的高徒被我追到了，就是我目前的太太）。

沉冬老師上課採取開放式，記憶中他上課沒有任何課本或講義，只是有感而發的談一些文藝理論或者一些文藝界的人、事、物等等。偶而他也會邀請一些文藝界的朋友來給我們上課，遇有重大節日，他也會邀請詩人朋友們前來舉行朗誦會，記憶中紀弦、彭邦楨、陳秀喜等都曾受邀前來，讓學員們一睹大詩人的風采。

由於沉冬老師本身是詩人，故他對寫詩的學員就特別注意，他規定每次學員們上完課後要交一篇「作業」，他批閱後認爲好的作品，就介紹到當時救國團主辦的刊物《高青文粹》，或《台灣新聞報副刊》、《山水詩刊》發表，以鼓勵學員們的創作慾與成就感。記得剛上課不久，有一次我特意將近半年來的新詩習作抄於一本筆記簿上交出，大約有幾十首詩吧！第二次上課，朱老師顯得十分高興，大大褒揚了我一番，但私底下卻對我目前的太太薛美雲——當時是他的得意門生兼班長抱怨：「那位剛來的大學生，交來一大堆的詩稿，我哪有那麼多時間看呢？」

由於沉冬老師上課幽默、風趣且沒有架子，頗獲得同學們的愛戴。上課之餘，有時他也會邀幾位同學前往附近的咖啡廳小坐談詩。記憶中我們經常前往的是一家位於鹽埕區愛河旁的「飄」咖啡屋。在咖啡屋暗淡的燈光下，我們一邊聆賞著悅耳的音樂，一邊啜飲香醇的咖啡，一邊天南地北的聊著詩，確實是一大享受。沉冬老師的家位於三民區，有時爲了班上的事務，我們也會前往他家，那是一棟公寓的二樓，約三、四十坪大，僅有他和師母江錦淑同住，家中除了幾大書櫃的書外，就是他的堆得滿地的畫作，空間顯得相當擁擠。

記得參加文藝創作班三、四個月後，當時我已和沉冬老師的得意門生薛美雲處於熱戀中，每遇假日，我們經常相約出遊，萬壽山上、旗津海邊、愛河旁經常有我們的身影。有一次軍中放了幾天長假，我決定坐火車返回北部老家探親，但又離不開「太太」美雲。我們兩人在高雄市區到處閒逛，不知不覺已是午夜時分了。搭車前往火車站趕最後一班北上的火車，卻錯過了，不知如何是好？最後不知誰先提議，就到朱老師家借宿一夜吧！於是我們就又信步前往，走了將近一個小時，凌晨一點多我們在朱老師的樓下猛按門鈴，約幾分鐘驚醒他和錦淑師母，下樓來爲我們開門。當我們說明來意，他們也不得不同意讓我借宿，於是帶我上樓，就在幾個大書櫃底下鋪了一張行軍床，讓我睡覺。如此孟浪行爲，事後想來，極爲不妥，但沉冬老師並沒有見怪，我想或許他本身也是詩人，比較能以「同理心」思考的緣故吧！不過這次的孟浪行爲，也成爲他往後上課的笑談之一。

在文藝創作班上了兩期半年的課程後，我們就沒有繼續參加。此後和沉冬老師的聯絡就越來越少了。再過一年我退伍了，雖然仍有一段時間留在高雄娶妻、就業，但當時只顧討生活，幾乎不再寫詩，更沒有顏面去見沉冬老師。再不久我舉家遷回北部，台北、高雄兩地相隔遙遠，就更無法聯絡了。雖然我和美雲幾度私下談及，要回去看看朱老師和江錦淑師母，但始終因各種原因而沒有付諸行動。如此又幾年過去了，從報上得知朱老師因病過逝了，南部藝文界爲他舉行了隆重的告別儀式，我們仍然沒能回去看他……

沉冬老師，雖然您去逝至今也有十餘年了，我們的師生緣已是將近卅年前的往事了，但您的音容笑貌，一言一行，至今仍深留在我和美雲的腦海中，我們永遠永遠也忘不了您的。朱老師啊！讓我再次深深的喚您，在這午夜時分的無邊靜寂裡……

二〇〇三年六月

悼祿松先生憶往事

六月十九日上午，中國詩歌藝術學會舉行常務理事會，由於我乘坐的火車誤點，故晚約十餘分鐘抵達。抵達時大家都已經就座，我見祿松兄旁邊有一空座，就匆忙坐下，並和他打招呼，他也笑意的點頭回應。當天大家討論熱烈，祿松兄時有發言。怎麼想得到，僅隔四天，噩耗即已傳來，祿松兄離我們而去，這個結果，豈能令人接受？眞的，一切發生得太突然了，令人感嘆，人生之無常！

和祿松兄交往，大約始於十餘年前加入《葡萄園》詩刊爲同仁。但在更早之前，其實王祿松的詩名早已如雷貫耳。記得大學時，曾拜讀過他的《狂飆的年代》等詩集，對他詩行中充滿愛國情操的鐵血詩人形象，早已十分崇拜。

祿松兄爲人正直、豪爽、善良，對待朋友友善、有情、有義。我想這些，只要和他曾經接觸過的人，都感受得到。祿松兄是一位能詩、能畫的才子，他的詩意象瑰麗雄奇，令人嘆服；他的畫纖細柔美，獨樹一格，令人喜愛。然而大家僅僅知道他是一位才子，卻不知道他下的功夫有多深。有一次，我們前往他家參觀，談得高興，他當場拿出幾大本年輕時代的手抄本供我們觀賞，裡面密密麻麻都是他抄自名家的好詩、佳句，而且他這個習慣，幾十年如一日。「在座諸位的詩我都抄過。」祿松兄公然對我們說。大家不得不佩服他的毅力與好學不倦的精神。

和祿松兄接觸的十幾年間，有兩件事是特別令我難忘的，有感激，也有抱歉。如今祿松兄已仙逝，不妨在此寫出，以再次表達心中之感謝與歉意。

一九九八年八月廿一日，我在台北市國立中央圖書館台灣分館舉行「石與詩的對話」展覽，展出雅石數十顆及石畫數十幅（大陸畫家詩人章安君作畫）。祿松兄事前知悉，特意友情提供了一顆石畫參展。這顆石頭重約十公斤，是某次我和他共同參加一次詩會，北上路過苗栗，我帶他參觀當地石店所購。由於石頭本身並非特殊，且老闆和我認識，最後以象徵性的低價成交。想不到祿松兄返家後，利用石質鏤空等特性，以他的巧思，彩繪出了一幅立體的山水石畫，令人讚賞。這幅石畫置於透明玻璃框內，吸引很多人的目光，也大大增加了展覽會的光彩。展覽期間，祿松兄幾度光臨，並訂購了三顆我展覽的雅石，以充當我的「業績」，這份友情，更令我十分感激。

展覽會後，祿松兄應我之請，爲我展覽中的一顆狀似瓠瓜的撿自台灣東北角的海石作畫，並在畫旁題上了兩行詩：「人耽詩而化龍，石因畫而成玉。」這顆瓠瓜畫石，自祿松家拿回後，就一直擺在我家客廳最明顯處，今後當然也會一直的擺下去。

二〇〇〇年九月十日，中國詩歌藝術學會應北京中國作家協會之邀，組團前往成都、重慶、北京三地訪問，當時祿松兄任詩歌學會理事長，也就自然而然的成爲團長，文曉村爲名譽團長，劉建化爲副團長，其餘團員分別爲藍雲、金筑、晶晶、秦嶽、李政乃、詩薇、邱淑嫦（隨護兼攝影）、及秘書江樹鑾和筆者。九月十日晚抵達成都，以數天的時間參觀都江堰、峨嵋山、三星堆、杜甫草堂、覃子豪紀念館，並接受《星星》詩刊、西南師大新詩研究所的款待，風光盛情，不在話下。

這裡只從乘「國賓一號」輪，遊覽長江三峽說起：九月十七日夜晚，大家決定利用船上會議廳舉行一次同樂會，規定每人都要有節目表演。由於幾天來大家一路上談談笑笑，幾已成了手足之情，無話不談。於是我就利用當天白天，寫出了一首打油詩，詩中以幽默的語句調侃祿松兄的多情與才學，原本以爲只是增

詩薇、薩仁圖婭、向前、王祿松、台客攝於北京長城上（2000 年）

加樂趣，大家當晚聽聽笑笑就算了。想不到朗誦後，卻引起了祿松兄極大的不快。原來祿松兄雖然平常爲人幽默、風趣，口頭上你可以和他沒大沒小，甚至插科打諢。但文字上，他對自己的作品與才學是自信與自負的，不容別人任意詆毀。我卻無知，犯了他的大忌。事後雖然再三道歉，但他心中終究已留下了疙瘩，故即使在事情過了一年多，某次他又和文曉村老師等到我家，在接受我太太薛美雲的熱忱招待後，有感而發的對她說：「台客傷了我的心，妳卻把它撫平。」

總之，祿松兄走了，台灣詩壇的一棵巨松倒了。我們除了默哀、禱念，還能做些什麼？祿松兄啊！您雖已逝，但您的詩藝，早已化爲群星，閃耀在台灣以及整個中國的天空！

二〇〇四年七月

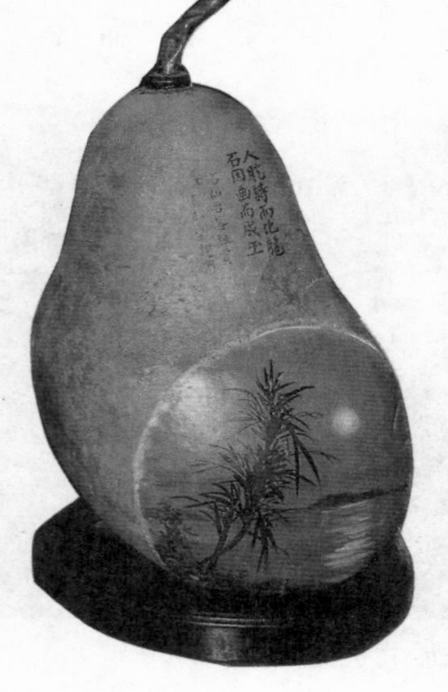

卷三

短論・隨筆

幽靜山林　　（薛美雲國畫）

談詩的修改

日前和馬來西亞田舟兄書信往來，信中談及詩的修改問題。田舟兄說：「很多次了，我有這麼一種經驗，稿子寄出了，過了些時候，才想到有些字眼用得不恰當，或某一句可再作刪改，來得及便通電話請編輯幫忙，或索性取消稿件，來不及已發表了，只好留待日後出書時再作修正。」……

田舟兄的經驗，相信也是很多寫詩朋友們的經驗。一首詩從創作到完成，大抵可分成三個階段：一、題材醞釀。二、書寫創作。三、修改完成。當然，前兩階段是很重要的，但最後修改完成階段，則更是決定一首詩成敗的關鍵。我們知道，詩是以最精煉的文字、語言，表達最豐富的思想。故一首成功的詩，其中每一行、每一個字句都負擔極重要的角色。古人有：「吟安一個字，撚斷數莖鬚。」、「一詩千改始心安。」的感慨說法。現代詩雖然在形式表現方面較自由，但論及修改的工夫，則應效法古人，向古人看齊才是。

至於應當如何修改呢？前輩詩人一再告訴我們，應讓剛創作出的一首詩「冷卻」一陣子，即不要急著拿出去投稿發表，應當讓它置於抽屜一角，過幾日再拿出來審視、修改。如此一而再，再而三，把詩中所有的贅字、廢句都去除，才可算完成。而依筆者的經驗，一首修改完成的詩，若能請詩友或師長再過目、指正，由於旁觀者清，則更可獲益匪淺。

一九九八年五月

《詩藝青空》五位編委與詩歌藝術學會理事長周伯乃合影（2004 年）。
左起台客、秦嶽、麥穗、周伯乃、潘皓、一信。

好詩如美酒

・好詩如美酒，不論是淺嚐或小酌，都別有一番滋味。

讀好詩，如飲美酒，濃烈、香醇，不論是淺嚐或小酌，都別有一番滋味，令人齒頰留香，嚐了還想再嚐。

詩和散文最大的不同點，在於散文把話說盡，而詩則是有所保留，欲語還休。詩像一位臉披薄紗的妙齡女郎，由於無法看清她的眞面目，若隱若現，更引人遐思、好奇。而散文則像一位端莊的女郎，美則美矣，但因毫無遮掩，看了一遍兩遍，也就不想再看了。

然而遐思是有的，好奇是有的，眞正掀開那一層面紗，裡面隱藏的臉蛋究竟是眞美呢？還是只是平庸？甚或醜陋不堪呢？那又是另一番風景了。

美女難覓，好詩也難尋。有時翻遍了整本詩集、詩刊，竟也找不到一首感覺眞正的好詩，實在令人悵然。當然也不用太過失望，只要努力尋找，好詩還是會出現的，那時就像在荒漠中長途跋涉，又飢又渴，忽然發現了食物、水源般的令人欣喜萬分。

那麼一首好詩應當俱備什麼條件呢？筆者認爲至少有三：一、形式整齊。二、意象新奇。

三、意境優美。形式整齊，即是句與句間、段與段間，最好落差不要太大，讓人的視覺與感覺舒服；意象新奇，即是詩句要有創新但非作怪，因創新讓人愉快，作怪則讓人討厭、作嘔；意境優美，即是一首詩讀後的整體感覺，要是美的，切合主題的，而非零碎、破散，甚至莫名其所以然。

一首詩，假如能做到上面提的三個條件，則這首詩無疑是好的。讀好詩如飲美酒。我希望每位詩人一生中多釀幾瓶這種好酒，讓讀者每飲就醉。而不是一生不斷的製造假酒、劣酒般的詩，既污染了詩壇，也浪費了自己寶貴的生命。

一九九八年十一月

前輩詩人鍾鼎文頒詩運獎獎狀給台客（2001 年）

期待真正的詩評

葡刊一四〇期刊出了一首菲律賓詩人和權的詩〈有感〉，頗有如獲我心之感，原文共三段，茲抄錄如下「像擦亮皮鞋／如今，鈔票也可以／擦亮詩名或／文名／／像米田共／招引蒼蠅／如今，鈔票也可以／招引評論家／日日歌頌／／唉唉！／你用空白的稿紙說：／詩，不提也罷！」這是作者對當今詩壇扭曲的評論，提出最嚴正的抗議與慨嘆！

確實，我們如今詩壇的評論有兩極化的現象，不是評好，就是評壞。評好者，可能被評論的對象是你的朋友、熟識，居於人情壓力及種種原因，你專挑他作品好的地方品頭論足一番，至於較差者則是一筆帶過，甚至故意被忽略；評壞者，則這個人可能是你的宿敵、不同派別者，於是你引用較高標準，雞蛋裡挑骨頭「修理」對方。以上兩種，實在都不足取法。

筆者認爲眞正的評論，應是評好也評壞。好作品固應給予鼓勵、宣揚，較差者則應也不吝指出，使其知所警惕、改進，如此才是整個詩壇及讀者之福。

至於和權〈有感〉詩中所提鈔票請託之事，則是等而下之，不忍卒聞了。

總之，期待公正、客觀，眞正的詩評早日在我們的詩壇落實。

詩刊編輯的責任

今年五月下旬，筆者前往湖南益陽市參加大陸的「全國詩刊詩報協議會」，會中有一個議題，引起大家熱列討論，即是「詩刊詩報之編輯是否應對讀者負責？」。

有人持反面態度，認爲詩刊、報的編輯只是「工作者」，應儘量避免個人主觀的好惡，對於來稿應儘量採取開放政策，讓「百花齊放」，至於作品之好壞，自有讀者選擇……。

有人持正面態度，認爲編輯是詩刊詩報的「把關者」，對於一些連編者本身都看不懂、感不出的作品，不應昧著良心予以刊登，既浪費篇幅，更增加讀者的困擾……。

筆者也是持正面看法。

做爲一個詩刊詩報的編輯，應該盡起「守門員」的責任，對一些劣質的，不合詩刊詩報風格的作品予以淘汰。筆者頗不認同什麼「百花齊放」，對一些編輯，硬將自己都無法感知的晦澀作品，卻以客觀公正或其他種種理由，予以大量刊登，也認爲是一種極不負責任的作法。

當然，做爲一位詩刊詩報的編輯，可能有許多額外的因素影響了他取稿的標準，如名家作品、如熟識的詩人、如同仁稿件等等。但筆者以爲這些因素都應盡力排除，取稿標準以惟一的條件——稿的質爲標準。如此或許起初會得罪一些人，但久而久之，詩刊的品牌建立，詩人們都樂於將最好的稿件投給你編的刊物，且以能獲得刊登爲榮，則這個詩刊無疑是成功的，做爲詩刊編輯的你，也與有榮焉。

一九九九年八月

台客和已逝詩壇前輩彭邦楨合影（1994 年）

文學獎與評審

最近閱讀了幾篇聯合報副刊「我看文學獎徵文」的短文，其中就有三篇提到新詩獎方面，且都是負面的。十二月廿六日的一篇「文學獎淪爲曲高和寡的文字遊戲？」更有如下句子：「許多作者自身構築的畫面，根本不能深入民眾心中。簡單的文字雖看得懂，卻捕捉不到作者天馬行空的文學跳躍，這樣的文學形式，演變成孤高的空中花園，與民眾生活區隔獨立，也將文學獎所脫穎而出的作品、作家，成爲『曲高和寡』一詞的最佳代言了。」

嗚呼！花費如此多人力、財力所出爐的文學獎，竟落得如此不堪的讀者評語，豈不令人慨嘆！

而其實，不只一般讀者有諸多抱怨，寫詩朋友們私下論及，幾乎也都是負面多於正面。有些得獎作品，甚至連詩齡數十年的老詩人讀了也搖頭連連，表示很難理解。

爲什麼會有如此情形呢？筆者試想這和歷年的評審有很大的關係。評審先生們喜歡動輒數十行、百餘行的作品；喜歡意象跳躍紛繁若打翻鉛字盤的作品；喜歡超社會、超現實不食人間煙火的作品，參賽者自然會揣之摩之，引爲風氣。如此年復一年，劣幣驅逐良幣，文學獎掄爲「曲高和寡」的代名詞，也就不足爲奇了。

那麼什麼樣的詩作品才是社會大衆期待的呢？筆者以爲「意象精準，意境深遠，詩行適度，清明可感」應是一條可以期待的方向。至於一首詩到底以多長爲宜？筆者以爲除了史詩、多主題的組詩外，一首詩的長度以不超過卅行爲宜，太長了很難令工商忙碌的現代讀者接受。而一首清明可感，能反應社會現實，抓準時代動脈的詩作，相信也是絕大部份讀者期待於得獎作品的。

總之，筆者期望，擁有高知名度的詩壇前輩們評審作品時，除了以專業學術的眼光外，是否也能換個角度，以一般讀者的感受來考量？或者筆者建議舉辦單位，另聘請一些大專院校教授文學課程的學者等參與評審，如此或可較客觀公正的篩選出大家都能接受的詩獎作品。

一九九九年二月

台客和彼岸已逝詩壇前輩女詩人冰心合影（1993 年北京）

寫詩的壞處

寫詩的壞處有很多，綜合分析起來，大約有以下三大項，試道其詳：

一、**浪費時間、體力**。古人云：「吟安一句詩，捻斷數根鬚。」詩是最精煉的語言，講究意象、意境的經營以及字句之推敲，甚至句之長短，篇之多寡，都需煞費苦心，努力經營，始克全功。故寫詩實在是太浪費時間及體力了。筆者年輕時不幸被詩所俘，至今轉眼將近卅個年頭，如今不但頭髮越來越白，身體也每況愈下，這些都是詩害的，但我向誰討公道呢？

二、**浪費金錢**。寫詩註定要浪費金錢，辛辛苦苦寫出來的詩，投稿報刊、雜誌，絕大部份沒有稿費。有些報刊、詩刊甚至還希望你捐錢給他們，才願刊稿，豈不令人火大。而假如你不幸中毒更深，加入些什麼詩的社團，辦些什麼詩的刊物，那麼浪費的金錢就更多了。寫寫散文、小說，或許掙不了什麼大錢，但至少賺點小錢，貼補家用。寫詩則百分之九十九倒貼，眞是倒霉。但，爲什麼至今仍有那麼多人，不死心的繼續寫詩、辦刊呢，或許就如我太太所說的：「頭殼壞去」吧！

三、**人際關係差**。頂著「詩人」的頭銜與光環，寫詩的人難免眼光稍高，不肯和一般人一樣的隨波逐流或趨炎附勢。如此則人際關係難免越來越差。我的太太就經常數落我：「自己的親戚、兄弟姊妹，見面都懶得點頭打招呼，卻經常跑到國外去做些什麼『交流』、『訪問』，且一去就是半月、一月，既花時間，又浪費金錢，你有沒有問題啊？……」有時想想，還眞是有些道理，只是這個「壞習慣」，要改還有些不容易。但我的個人人際關係差，則是不容否認的。

寫詩有以上三大壞處，我想我應馬上把它「戒掉」才是。只是，多年「惡習」，要戒談何容易？就像一個多年抽煙的老煙槍，要他戒煙是知易行難呀！但是至少我要警惕自己，不要「越陷越深」。諸君！你以爲然否？

二〇〇四年四月

一百分的《秋水》

《秋水》即將邁入第一百期了，從民國六十三（一九七四）年元月創刊迄今，廿餘年來的風風雨雨，它始終屹立於台灣詩壇而不動搖，如今它已成爲台灣少數超過廿年的詩刊之一，令人矚目。

如果說要我給《秋水》打分數，那麼我會給它打幾分呢？八十、九十，啊！都不是，而是滿分一百。每次接到《秋水》，從打開封袋的那一剎那，迎面而來的就是美、美、美。詩刊的封面、封底設計美，詩刊內容的詩文美，詩文旁的相片、插畫也美。總是要愛不釋手的先大略翻閱一遍，再找時間仔細的從頭品賞，讀著那些唯美詩，欣賞著那些唯美的插畫，想著燈下那位爲《秋水》默默奉獻廿餘年青春而至今猶不悔的一位大姊，內心總是充滿敬佩。看她幾次風塵僕僕率團前往大陸訪問，受到廣大詩友熱忱的歡迎與愛戴，她確是當之無愧。當然在台灣詩壇上，她也是最受矚目的大姊大級詩星。

《秋水》即將邁入一百期了，我對它有些什麼期待呢？就像一條涓涓細流，從高山、從曠野，從人煙稀少的鄉村，到繁華的都市，我希望《秋水》這條如今已如大漢溪般的河流，繼續往前奔流，且不斷匯集兩岸美麗的支流，流成明日的長江，流成明日的黃河。

一九九八年十一月

部分秋水同仁前來台客家中作客攝於家門前花園內，左起台客、風信子、陳欣心、琹川、涂靜怡、詩薇、趙化。（1996 年）

詩國隨想

寫詩猶如開礦，除了要具備完善的工具外，也要勤於挖掘。

詩，開在心靈的花朵，爲了促使它不斷開花、結果，詩人一生用血、用淚灌溉。

詩是一隻能言鳥，在九天之中歌唱；在苦難世間歌唱。

詩之過份晦澀，是詩人功力不夠；詩之過份明朗，也是。

詩要有所隱，一首隱得好的詩，猶如面披薄紗的女郎，益添嫵媚，也更迷人。

詩要有所隔，透過距離，觀賞風景，才能更發覺景物之美。

詩人之思，上天下地，無所不包，但必以感情爲經，經驗爲緯。

詩人多半至情至性，待人以誠，待物以誠，他（她）們把宇宙中的一花一木都看成有生命體，如此才能激發他（她）們易感的心，看到常人無法看到的景象。

詩人必需遠離人群，只有遠離人群才能靜靜思考；詩人必需走入人群，因爲一切詩歌的材料仍需在社會中汲取。

寫完一首詩，再三吟哦修改，最後終篇，詩人，好像又創造了一個宇宙。此時詩人是世界上最快活的人。

因爲世間黑暗，所以要有燈；因爲社會黑暗，所以要有詩人。詩人寫詩綻放的光明，是夜空中一閃一閃的星星嗎？

年輕人用激情寫詩，中年人用深沉寫詩，老年人用生命寫詩。

詩是年輕人的情人，中年人的妻子，老年人的伴侶。

有人偏好寫明朗詩，有人偏好寫晦澀詩，但詩只有一種，那就是它的內容必需是——詩。

一首詩好不容易完成，每以爲是曠世鉅著，隔幾日再看，略有瑕疵，再過一段日子，感覺不甚了了。

讀完一首詩，感覺心神愉快，意猶未盡，這是一首好詩。

詩人最窮，也最富有。窮是因爲詩人不屑在社會上爲金錢物質汲汲鑽營；富有則是因爲詩人勤於開墾心田，一首首詩的誕生，就是一季季的豐收。

法國詩人波特萊爾說，詩人就像飛翔於海上的信天翁，「是雲霄中的君王，來往於暴風雨且嗤笑弓手。」然而詩人一旦淪落於現實，就像一隻被縛的信天翁，「多麼笨拙，巨大羽翼妨礙牠的飛行。」多麼貼切的形容啊！

爲了寫成一首詩，詩人必需時時刻刻注意週遭的事物，捕捉腦海中靈動的一瞬。

詩人像蠶，在現實生活中拼命的吃著桑葉，夜晚則關在如繭的斗室中，吐絲成詩。

詩的語言、意象必需是全新的，每寫一首詩，詩人必需接受一次新的挑戰。

能忍受大寂寞的詩人，才能寫出最動人的詩篇。

詩人泰半天生，有些人寫了一輩子，卻沒幾首好作品；有些人只寫了短短幾年，卻傳誦千古。

詩，成就了詩人，也毀滅了詩人。

一九九二年十二月

兩岸女性詩人研討會後遊阿里山攝於櫻山大飯店（1999 年）

當代詩人角色的定位

中國
我的在沒有燈光的晚上
所寫的無力的詩句
能給你些許溫暖麼？

・・・

每一位讀過艾青這首〈雪落在中國的土地上〉的人，無不被他詩中那種眞摯的情感所感動。尤其讀到前引結尾四行，一種焦慮、悲急又無奈的愁緒，籠罩全詩，更深深感動了讀者。詩，若純以經濟利益的眼光來看，誠然百無一用；但若以精神層面來看，其鼓舞士氣、人心，有時勝過千軍萬馬。

這也是爲什麼從古到今，一直有那麼多儍子，爲它癡迷，甚至終其一生，犧牲、奉獻，至死而不悔的原因。

・・・

詩，誠然迷人；當一位詩人，誠然是光榮的。然而如今功利導向的社會，讀詩的人不多，寫詩的人倒是不少。只要認識一些字，能寫寫「散文的分行」，再自費出版個詩集什麼的，無不自認爲詩人，有些甚至藉此戴著詩人的光環，四處吹噓、招搖、撞騙。詩人、詩人，老祖宗屈原地下有知，亦要搖頭三嘆了！

・・・

那麼，要成爲一位當代的新詩人，應當具備些什麼條件呢？以下三點，筆者認爲是不可或缺的：

一、溫柔敦厚的修養：寫詩是向自己挑戰，和時間做長途賽跑，故其最大的敵人是自己。做爲一個詩人，應時時反躬自省，敦勵自己的品性，提升自己的學養。而非鎮日忙著組黨、集會、結社，搞小圈圈，排除異己，甚或藉詩謀利。

二、虛心向學的精神：想要增進詩藝，除了不斷擴大人生經歷外，更需要有虛心向學的精神。做爲一個詩人，不只閱讀有關詩方面的書籍，更要博覽群籍，涉獵廣泛。如此寫出來的詩自然富有深度和廣度，久而久之，自然卓然成家了。

三、體驗天心的胸懷：大千世界，一花一木，一沙一石，都是有情世界。詩人要有視人如己、視物如己的情操與胸懷，才能深入觀察、體會這個世界，寫出好詩。

「詩是一隻能言鳥，在九天之中歌唱，在苦難世界歌唱。」註是的，每一位詩人都希望自己辛勤孵育出來的鳥是一隻「能言鳥」，能唱出持久的歌聲，然而在茫茫的詩海中，詩人短暫的一生，能抓得住幾隻「能言鳥」呢？這就有賴每位詩人的天份與努力了！

一九九四年十一月

註：引自筆者「詩國隨筆」一文。

（本文係應邀參加第十五屆世界詩人大會而寫的千字論文）

1999 年 5 月台客參加湖南益陽散文詩研討會後旅遊與《散文詩》主編鄒岳漢（左）、北大教授、名詩評家謝冕（中）合影。

華文詩壇的困境與解決之道

自一九一七年，胡適先生發表《白話詩八首》以來，新詩迄今已有近九十年歷史了。其間兩岸三地，雖也因戰爭等種種因素，使得新詩的發展遭受挫折，但整體來說，仍然朝著一定的目標前進，尤其八、九〇年代，兩岸恢復交流以來，兩岸詩人往來密切，詩風相互激盪、影響，更使新詩的發表，達到一個空前繁盛的境界，與此同時，歐美各國的詩派與詩風也不斷影響著華文詩壇，似乎呈現著一片欣欣向榮的景象。

然而不可諱言的，在這欣欣向榮的背後，也有著種種看不見的隱憂與困境，值得吾人注意。以下筆者試提出三點分析，並謀求改進之道。

一、寫詩者多，閱讀者少

詩是小眾文學，原本人口就不多，然而似乎如今詩的人口更少了。寫詩者少，讀詩的人更少。如何謀求解決呢？筆者以爲，多提倡詩教育，多舉辦各種詩的活動，從根扎起，從青年身上著手，才是百年大計。同時，詩人們也要有所自覺，不要專寫一些無病呻吟、詰屈聱牙的東西，要多寫些健康、明朗，富有時代意義的作品，如此才能獲得讀者認同，挽回詩的人口。

二、詩壇老化的問題

似乎每次參加一些詩的聚會，總會感嘆，怎麼百分之八、九十都是一些上了年紀的老人。年輕的詩人們都到哪裡去了？而一些詩的機構掌權者，也千篇一律都是老人。不是說老人就不好，但年輕代表活力與朝氣。希望兩岸三地詩的機構，都能朝年輕化的目標邁進。解決之道，老一輩的詩人要放大心胸格局，積極尋覓、培養年輕一輩有潛力的人才，盡早交棒。筆者知道，大陸詩壇已朝這個方向邁進，且已得到一定的成果。

三、詩壇不團結現象

據筆者長期觀察，兩岸三地詩壇的一些掌門人（或大老），都有不夠團結的現象，甚至互相攻訐、抵制。原本詩壇的資源就十分稀少，如此一來，更形耗弱。改進之道，筆者建議，詩壇領袖們定期舉行高峰會，大家見面把話說清楚、講明白，彼此不要心存芥蒂、成見，放大心胸格局，如此詩壇才有更美麗的明天。

當然，當今華文詩壇的隱憂與困境，不止前列三點。筆者也衷心期盼，我們每位寫詩的朋友，都能從本身做起，堂堂正正做人，老老實實的寫詩，詩如其人，人如其詩，如此才是一位成功的詩人，如此我們的詩壇也才有希望。

二〇〇一年七月

（本文係應邀參加第六屆大連國際華文詩人筆會所寫的論文。）

台客與名詩評家鄒建軍合影（1993 年於重慶西南師大）

我怎樣寫兒童詩

以往我是寫現代詩的，對於兒童詩，雖偶爾也在某些詩刊、詩集中見過，但僅止於欣賞，總覺得那是別人的事，自己沒有辦法創作。

開始想寫兒童詩也只是偶然的觸發，那是去年兒童節前夕，偶見青年戰士報「詩隊伍」副刊欲爲兒童詩出個專輯，自己見獵心喜；且那一陣子又欣賞過曾妙容送給我她的童詩集《露珠》，並寫了幾封信和她討論過一些創作童詩的問題，對童詩總算有稍許的認識。基於以上兩個原因，自己就開始動筆寫兒童詩。

那一次我總共花了三天兩夜，寫出了八首童詩。寫完後讓它稍停數日，予以修改，就直接封寄「詩隊伍」。這就是去年兒童節出現在「詩隊伍」的「兒歌一束」，共八首。

剛開始想寫，由於沒有經驗，不曉得如何動筆，頗費了一番躊躇。後來我儘量將記憶倒回到自己的童年時代，在腦海中搜捕一些童年時代難以忘懷的記憶。當我搜捕到了一個，就迅速用筆將它們記錄下來，且嘗試著是否能將它們發展成一首詩。如此不斷的搜捕，直到確信腦海裏的意象已被搜捕殆盡。

當然，初次寫的這八首，由於表現的能力不夠，並不是很好。在以後的數月裏我又寫出了近百首的童詩。然而總覺得這以後的創作經驗，不能和第一次相比。我試著分析其原因，始發覺第一次寫出的那八首，滲含著我內心深處眞正的感情，是童年時自己親身的體驗。而這以後的，則較偏重趣味性與想像力的發展，這裏面雖也滲含著諸種對兒童啓發性、教育性、同情心等在裏頭，不過總覺得不是從自己內心出發，不能眞正感動自己。

現在我試舉其中幾首來說明當時的創作經驗：

小孩與狗

小狗你來，
跟我們跑，隨我們跳，
讓我們撫著你說一聲乖。

小狗你來，
柔柔的咬，輕輕的叫，
讓我們親著你說一聲乖。

我是喜歡狗的，從小到今都是。記得小時候家裏養了一隻小狗，自己曾發願要將牠訓練成一隻最棒的小狗。於是有好一陣子，我天天牽著牠，訓練牠跳過一條條小水溝，走過一道道小獨木橋，當然大部份時間我是和牠飛奔在剛刹過的稻田上。跑累了就停下來逗撫著小狗，讓牠那一口潔白牙齒輕輕咬著我的手、臉、衣服……根據這些印象，我很快的完成了前面這一首詩。

小樹兒啊

小樹兒啊！
我天天給你澆水，
希望你快快長大，
結好多好大的果實。
隔壁家小毛最吝嗇，
他家果樹長好多，
他每天爬上去吃飽飽，
就不分我一個。
小樹兒啊你快長大，
結好多好大的果實，

讓我也爬上去吃飽飽。
小樹兒啊我和你說話，
你聽見了嗎？

這也是童年時自己一段難捨的經驗，記得那時好一陣子，我和鄰居家的小孩，兩人十分熱心的分別種過一顆龍眼樹。天天都給它灌水灌得滿滿，天天都懷著希冀的心去看它是否長高了一些。歸結於有這種舉動，只因爲常常見隔壁家的小孩吃龍眼，自己家裏沒有龍眼樹，垂涎欲滴。這種舉動無疑表現了小孩子無法滿足後的一種補償心理。至今想起當時情況，仍感戚戚焉……。

釣魚樂

魚兒魚兒你快上鉤，
別在水裏貪嬉遊；
魚兒魚兒你快上鉤，
別在水裏光嗅嗅；
魚兒魚兒你快上鉤，
我和你做好朋友。

小魚兒吃了又跑下水，
弟弟急急的趕去追，
撲通一聲跌下水。

嚇得小魚兒逃溜溜，
看得太陽伯伯笑呵呵。

童年時家附近有一口大池塘，夏季的大部份時光，我們都是在那邊度過的。我們在岸邊玩水，在池岸的榕樹蔭下玩捉迷藏（憑這個記憶我也寫了一首「老榕樹」），當然釣魚也是少不了的主要活動之一。只要隨便在一枝小竹桿上綁一條白線，白線上繫一截蚯蚓，那就是我們的釣魚工具，足以讓我們忙一整個下午了。而那種釣魚的氣氛，忽而只見小魚在水底懶懶的游著，瞧都不瞧一下魚餌，令我們心焦萬分；忽而魚兒迅速的游過來咬住了蚯蚓不放，有的在中途卻突然鬆開了嘴，又逃回水裏，夾雜著我們一片惋嘆之聲，偶而還會出現一兩次「搶救」的高潮。根據這些愉快的經驗，我寫出了前面這一首〈釣魚樂〉。

殺手刀

你有一把刀，
我有一把刀，
我們來玩殺手刀。

這樹是你們的堡，
那樹是我們的堡，
我們來個決戰別跑。

殺死了你可要乖乖到我們堡，
你喊救命——
我們偏偏不讓你逃。

你有一把刀，
我有一把刀，

童年時的台客（最右）和家人合影（約 1960 年）

我們來玩殺手刀。

玩殺手刀的經驗我想是每一個人小時候都有的，記得上小學一、二年級時，我們常常利用下課短短的十分鐘玩一場「殺手刀」的遊戲。根據這個經驗，我將它寫成「殺手刀」這首。

在我們國內寫現代詩的詩人太多了，然而除了在一些很少數的詩刊詩集上發表幾首尚可適合兒童讀的詩外，童詩的產量可說相當少，相當不受關心的。童詩集以往除了楊喚的半本，蓉子的一本《童話城》外，稍有名氣的詩人就沒有專門爲兒童寫過詩，更不用說結集出書了。雖說童詩的題材不廣，語言、意象的發展有限，然而童年時的經驗是我們每個人都有的，童年時一些深刻的印象，用詩的手法將它們表現出來，不也是我們寫詩的一種嚐試嗎？更何況寫一首成功的兒童詩也不比寫一首成功的現代詩簡單。我期待國內的現代詩人都能注意到這塊詩的園地，每人都能爲它努力的開墾過，至少至少走進觀看一番是有必要的。

一九七六年六月

相會在初秋

——大陸詩人訪台散記

相會在初秋，在寶島台灣美麗的土地上。

這裡曾是禁地，政治的角力，使得兩岸原本血濃於水的親情被割斷了整整四十年，近十年來雖已逐漸解凍，但仍屬春寒料峭，單線通車。台灣同胞欲前往大陸旅遊或探親，十分容易；大陸同胞要前來台灣探親或旅遊，則顯得困難重重。也由於此，此次大陸詩人團能順利抵台，乃造成台灣詩界的轟動。

接到請柬的那一刻起，大家都急於想見到大陸詩人們的廬山眞面目。

他（她）們能順利成行嗎？由於有了去年的前車之鑑（去年原亦邀請大陸詩人來台，卻於臨行前二天突然宣布取消），大家心裡都是七上八下。直到欲前往接機的前一刻，秘書長賴益成還打趣的說：「還有萬分之一的不可能。」由此可見得大陸詩人來台之不易，尤其是大規模的組團前來。

四川來的詩人楊牧，就於最後一天旅遊的遊覽車上講了一個「笑話」，他說：「當我告訴同事我要前往台灣時，他們都反問：『你這是說了第幾次了，行嗎？』害得後來我的愛人只敢告訴親戚：『他這次可能會去台灣。』」

上海來的女詩人張燁，也於閒談中告訴我：「直到上了飛機，一顆心才總算落實，申請來台的手續繁雜而耗時，只要其中有一個小小關卡被打了回票，就無法成行……」

由此二例，可見得大陸詩人組團來台，眞是備極艱辛，相對的，此次能順利成行，也令人倍覺珍惜。

・　・　・

相會在初秋，在寶島台灣美麗的土地上。

經過兩個多小時的入境大廳等候，我們接機小組一行五人，終於見到了十一位大陸詩人的身影在玻璃長廊內緩緩出現。大家都激動得快步趨前握手、問候。雖然歷經長達一整天的飛行與等候，大陸詩人們各個面露倦容，但也難掩興奮之情。十一位詩人中，有幾位我們曾在大陸見過，算是舊識，大部份都未曾謀面，但在詩的大家庭裡，卻都不陌生。就好像見到久未謀面的兄弟姊妹般，大家手握了又握，肩膀拍了又拍。

詩壇大老鍾鼎文於大會開幕致詞時引申李白詩句：「兩岸猿聲啼不住，輕舟已過萬重山。」時解釋道：「儘管兩岸的大猿小猿仍在不停的相互喊叫、呼話，但我們詩人可不管這些，我們詩人早已越過千山萬水，合而爲一了。」

台灣詩人向明也於最後一天的遊覽車上說了一段感言，他說前兩個月他前往海南島參加了一項詩會，當地一家電視記者訪問他有關統獨的看法：「我們詩人早已統一了，沒有所謂統獨問題。」旨哉斯言。

・・・

相會在初秋，在寶島台灣美麗的土地上。

短短一個星期的相聚，我們又不得不分離。一個星期中，我們曾在師大國際會議廳，「接受詩的傾盆大雨的洗禮」（團長高洪波語），受益匪淺。也曾在往後四天的旅遊中，到過故宮、日月潭、梨山、太魯閣、花蓮港等名勝，留下諸多美好的回憶。記得嗎？谷關之夜，一行十餘人圍坐於旅館前廣場的小涼亭上，大家輪流講笑話，笑聲震天，連遠天的星群都露出訝異的眼神。記得嗎？最後一天下午旅遊的歸程車上，大家離情依依，紛紛

兩岸詩刊學術研討會後大合影（1998 年）

發表感言，女詩人張燁率先流下「美麗的淚水」（詩人查幹語），牽動大家的離情別緒，於是歌聲、笑聲、感嘆聲，紛紛從每一個角落裡冒出，哀傷彌漫著整個車上。

「天下無不散之宴席，離別正是相聚的開始，相信在不久的將來，我們將會很快在北京、在南京、在上海、廣州，在不同的地方見面。」詩人朱先樹道出了大家內心共同的感受。是的，隨著兩岸氣氛的日益緩和與開放，以後詩人們相聚的機會還很多很多，不用太過傷感。

期待再相會，在另一個初秋，在另一個美麗的城市。

一九九八年十月

卷四

序跋·報導

松風濤聲　　薛美雲國畫

和峰火與歲月賽跑的人

——序花甲白丁《淺淺的腳印》詩集

經過長久的考慮，白丁終於要出書了，那一陣子他積極的搜集舊稿、影印、剪貼，忙得不亦樂乎。由於他的雙眼患有白內瘴，視力極度耗弱，右眼不久前才開過刀，我眞怕他有沒有毅力將稿子整理出來。原約定明年二月以前交稿，想不到他竟於今年十二月底前就將稿子整理好寄給我，眞是出乎意料之外，同時也爲他高興。

白丁本名虞登朝，一九二七年生，山東蓬萊人。據他在入選《中國詩歌選》一九九六年版書後小傳中自述：「幼寒貧，只讀過《百家姓》一書，未進過任何學校，一切所知全由自修而來。」眞是令人驚訝，一個從未進過學校接受教育的人，竟能夠寫詩，且寫出一定的水平。後來我和白丁幾次接觸詳談，才知道他有一段極度艱困的自學過程。靠著自己的毅力，他從閱讀淺顯的漫畫書開始學習，「字典」是他最好的老師。民國卅八年隨國軍撤退來台後，他先是參加軍中隨營教育，後因受到一首詩的影響，又報名參加「中華文藝函授學校」詩歌班。當時的指導老師是名詩人覃子豪。跟隨覃子豪老師學習了一年多，他的詩藝也取得一定程度的進展，寫出來的作品，逐漸能夠出現在當時的刊物如《文苑月刊》、《蘭苑月刊》、《葡萄園》等等。

民國四十七年白丁軍中退伍，當時尚未滿三十歲。由於離鄉背井，毫無人事關係，加上手中退伍金又有限，他只能靠著勞力，四處流浪打工。從輯三的「註」中我們知道他曾當過採石工、賣過陽春麵、甘蔗汁等，總之生活一直極度艱苦。然而只要生活中一有空暇，他即坐下來想詩、寫詩，詩是最好的止痛劑，安慰了他離鄉背井、顛沛流離生活中濃濃的思鄉情懷。〈失眠〉、〈幻意〉、〈落陽感傷〉、〈泣訴〉、〈流亡曲〉等等，都是這一時期的產物，寫得十分生動、感人。

民國五十五年，白丁經歷開築中部橫貫公路、賣陽春麵、賣甘蔗汁、賣冰、開小吃館等等工作卻一直不順遂後，終於經人介紹進入高雄台肥肥料廠當臨時僱員，並認識了他的另一半「阿菊」（即詩中的青青），不久共組家庭，生活總算安定了下來。然而小孩子一個接一個出世，白丁的生活壓力仍然很大，且由於遠居南部，和詩壇上的一些朋友不再聯繫，白丁的詩創作不知不覺竟停頓了下來，實在甚爲可惜。

民國八十三年某月，當我在編輯《葡萄園》詩刊時，突然接到一封寄至高雄的詩稿，詩題爲〈丟不掉的感嘆〉，詩句鍛鍊的功夫雖然還不很純熟，但詩裡面洋溢的濃濃鄉愁與人生歲月感嘆，則深深感動了我，遂決定採用予以刊出，這是我初識白丁的開始。以後白丁陸續有詩稿寄來，並表示願意加入本刊為同仁，我們遂經常聯繫，但也僅止於電話聯繫而已。直到八十四年九月白丁某次北上辦事，專程前來鶯歌訪我，我們才正式見面。今年七月，我曾開車做環島五日四夜之遊，第四日車至花蓮時，當晚夜宿壽豐鄉米棧村白丁新建不久的鐵皮渡假小屋內，一夜暢談，對白丁其人其事才有更深一層的瞭解。

民國八十三年再出發後的白丁，不但加入葡萄園詩刊，同時也應前輩詩人朱學恕之邀加入《大海洋》詩刊。同時為這國內兩大詩刊的同仁，白丁的創作精力顯得十分旺盛，詩作源源出籠。兩年多內寫出了輯一、輯二共四十餘首的詩作。如今退休後的白丁，兒女皆已長大成人，正可專心做他最喜愛的工作。相信不久之後，他會有更多更好的作品。

仔細審視了白丁輯一和輯二的詩作，我為這篇介紹他的文章定下了題目：「和峰火與歲月賽跑的人」。也許是解嚴後尚未返鄉探親（白丁說故鄉已無親可探），故他的詩作中總帶著濃濃鄉愁，以及離亂、顛沛的影子；也許是身體一直欠佳（除了雙眼患白內瘴外，白丁由於年青時參與開築中部橫貫公路，某次當爆破工時不慎摔跌落深谷中，腰部嚴重受損，至今仍常常瘾瘾作痛，無法彎腰。），他的詩總是對歲月與人生有過多的感嘆。我們看看他寫給他太太的〈落葉留言〉：

有朝一日　我若
被土

被火
被風 收了回去
可歌 切不可泣

除了尚未痛完的痛
所有的陪葬都免了
省下快樂
哺育明天
葉 總是要落
花 總是要謝
誰的眼淚
誰的悲哀
都留不住這種逝意

詩中對於生與死表現得極度灑脫。事實上白丁常說他已對死亡有所準備，所慮者只是希望在臨去前交出一張成績單，莫讓生命留白而已。也由於有了這一層認識，所以這幾年來白丁反而活得十分積極，創作不斷。若說詩即宗教，或許有些人不信，但如今的白丁確實是把詩當成宗教來信仰、膜拜。而詩確實也帶給他極度的安慰。「這種痛苦 除了說給詩聽／誰懂得／誰肯聽」〈失題〉。這是白丁內心的吶喊，對一生坎坷命運發出的不平之鳴。然而儘管哀怨，白丁依然不忘打起精神來「依舊想我的詩 做我的夢／唱自己的歌／趕自己的路」〈悉由尊意〉。可見白丁仍然沒有被命運打倒，只要活著一日，他就要和坎坷的命運拚搏到底。

一九九六年十二月

2004 年 9 月台客夫婦與白丁夫婦及其孫子合影於花蓮壽豐鄉米棧村。

短小精悍與犀利

——序王詔觀詩集《花燭》

《葡萄園》詩刊創刊卅五週年前夕，本刊同仁王詔觀決定將自己創作多年的作品整理出書，並來函囑予寫序。身爲葡萄園詩刊編輯，多年來最感欣慰的一件事，莫過於見到一位位同仁心血的結晶有一個完美的歸宿，故雖感才學有限，仍勉力爲之，爲詔觀的詩寫一些讀後感。

王詔觀的這本詩集《花燭》，共搜錄三年多來她發表在報刊、雜誌的作品共九十一首。筆者仔細分析，約有四分之三是屬於十二行以內的小詩。其餘約四分之一較長的詩也都在廿行左右，可見王詔觀是擅長寫小詩的，樂於寫小詩的。以目前工商繁忙的社會來說，寫小詩無疑是對的，因爲動輒長達數十行甚至百餘行的長詩是找不到幾位讀者的。小詩人人會寫，但要寫得又短又好則不容易，除了語言意象要極爲突出，另亦要有弦外之音，讓人讀後思索，咀嚼不盡，這樣才是一首好的小詩。王詔觀很多小詩都符合以上原則，筆者試舉其中一首〈提款機〉說明：

歲月是部提款機
唯有青春可以
支領與兌現
我們用時間爲提款卡
匆匆提領
悲歡離合
愛恨糾葛
直到日暮途窮
才悚然驚覺
逐漸涅槃的結餘

詩中把歲月比喻爲提款機，時間是提款卡，意象十分突出。時間的提款卡提領的當然不是金錢，而是「悲歡離合／愛恨糾葛」，這部提款機的金額也是有時而盡的「直到日暮途窮／才悚然驚覺／逐漸涅槃的結餘」讀後讓人心生警惕。全詩短短十行，用一個突出的暗喻，就將人生闡釋得如此透徹，實在難得。

當然，王詔觀的詩也不是沒有缺點，或許是她的年紀還輕，人生的體驗尚不足，導致某些詩作僅止於意象的浮泛營造，而缺乏令人感動的深刻思索；另外，某些詩作在斷句、遣詞方面，似乎還有欠精煉，這些都是需要改進與注意的。

王詔觀曾於去（八十五）年榮獲台灣新聞報西子灣副刊的年度最佳詩人獎。當時的評審爲余光中先生。評審意見如下：「小詩精悍完整，可比非馬。〈棒球賽〉用一組比喻來形容鄉愁與孺慕，妥貼感人。〈傘〉由兩個隱喻合成，對照得很有趣。〈提款機〉與〈臭豆腐〉，一莊一諧，各有佳妙。」可見王詔觀的詩已獲得相當的肯定，只要持之以恆不斷地創作與鑽研，相信以她的天份，不久之後，台灣詩壇將會有她的位置。

一九九七年五月

一朵靜開於牆角的紫茉莉

——序吳淑麗《紫茉莉》詩集

這是一朵小小紫茉莉，沒有艷麗的花色，也沒有芬芳的花香。它只是孤獨的顫顫開立在庭園一角，或許有三兩隻蝴蝶飛來，或許只是一兩隻蜜蜂。它，依然顫巍巍地，開立於庭園一角。

這是一朵小小紫茉莉，經過漫長的發芽、生根、成長，如今，它終於開花了，雖然只是小小的一朵，雖然也沒有引起太多賞花人的注意，然而在偏僻的牆之一角，它依然獨自開放著，向大自然宣示著它美麗的存在與喜悅。

• • •

淑麗寄來了她第一本詩集的手稿《紫茉莉》，整整一百首詩，厚厚的一大疊稿子，看得人頭皮發麻。淑麗附信中說，這是她寫詩將近廿年來的首本自選集，希望我能爲它寫點東西。雖然爲了《葡萄園》的編務，以及一些瑣瑣碎碎的事情，我已夠忙了，但我能拒絕嗎？

和淑麗認識還不到一年，那是一九九九年七月上旬，由於中國詩歌藝術學會舉辦「兩岸女性詩歌研討會」，我負責幫忙處理一些雜務，故提早到達會場。而一向很少參加類似活動的淑麗，在《海鷗》主編馬驄兄的叮囑下，也提早來到會場幫忙。開會完畢，淑麗又將她爲我們（我和薛美雲）所攝影的相片寄來，令人十分感動。我回信向她道謝，並希望她將最好的詩寄給葡萄園詩刊，她隨即寄來了幾首。以後葡刊連續幾期都有她的作品。通過這些作品及書信往返、電話交流，才知道她雖今年才卅過半，詩齡卻已將近廿年，目前且是《海鷗》詩刊的同仁。

一九九九年底，葡萄園詩刊打算招募幾位生力軍，爲詩壇打拚，我即想到了淑麗。去信徵詢了她的意願，經過好一陣子的長考後，她終於答應加入葡萄園。淑麗加入葡萄園後，由於北部同仁經常有聚會活動，大家談詩論藝，互相激盪，相信對她的寫詩有正面積極的鼓舞作用，這也是爲什麼千禧年的第一道曙光初綻，淑麗就這麼積極的準備出版她的第一本詩集。

《紫茉莉》全書共分四輯，輯一、青蘋果，輯二、繁花，輯三、月影，輯四、心笛。除輯一是淑麗早期的作品外，其餘的三輯大部份都是近幾年的產品。我曾經利用時間，仔細地讀過每一首，修正了詩中一些錯字。並建議她再汰蕪存菁，只精選其中五、六十首即可。但淑麗考慮之後，仍認爲以一百首整數較符合她的理想，只再抽動補強了其中十餘首。對於淑麗的堅持，我可以理解，終究在這高度講究功利的社會裡，詩人要出版一本詩集何其難！而對於自己所寫的每一首詩，就好像自己所生的每一位小孩子般，要割捨又談何容易？

綜觀淑麗的詩，感覺她詩中的取材十分豐富。大自然中的一花一草一木，固是她順手拈來的好題材。四季的變化，光陰的飛逝，生活中的點點滴滴，她都可以入詩，且寫得十分生動感人。淑麗爲人熱忱，生活態度積極，從她在學校及居所蘆州市擔任社區義工多年即可證明。淑麗有一首詩〈僅有一生，哪夠〉，發表在《葡》刊一四五期，她對生活的積極態度與企圖心就令我印象十分深刻：

荷馬、但丁、莎士比亞
留守書櫃，頻頻蹙眉
蘇東坡、李清照，無奈
引頸鵠候
王羲之、歐陽詢
墨香中酣睡
顏料、畫紙
淪爲蛛網俘虜
素食、西點美味
一再招喚貧瘠的胃

洋裁、中國結
靜靜躺身角落
苦候纖纖一雙巧手

由詩中的這第一、二段，我們知道現實生活中的吳淑麗野心是夠大的，她既想閱盡古今中外的好書，又想學畫、學美食，甚至學洋裁、中國結、書法……這麼多事情想完成，一個人的時間又是那麼有限，故「縱有千手千眼／分割自己／時間的流沙，依舊／未曾止息／說呀／僅有一生，哪夠」（最後一段）。淑麗的感嘆，未嘗不是我們的感嘆。

我們都知道，一個人人生觀積極，熱愛生活，那麼他（她）所寫出的詩也必然是健康、充滿朝氣向上的，淑麗的詩就是屬於這類型的。雖然，偶爾你也會發現少許悲憐的、感嘆的，但絕大部份都是向上的，充滿愛、鼓勵和希望的。淑麗又是屬於溫婉的具有中國婦女美德的女子，〈紫茉莉〉一詩中的最後一段，就是她最好的自況：

寧是閒逸溫婉的
小家碧玉
戀居圍籬
醺醺笑顏，織就

炊煙裊裊
撥彈靄靄暮色

淑麗的詩，偶爾也能跳脫一般題材，而有令人「驚奇」的表現，如她在全書中描寫「死亡」的五首詩（分別是輯一的〈死亡〉、〈賦別〉、〈雙福山公墓〉、輯三的〈殯儀館〉、輯四的〈留言〉），就顯得十分特別。以下筆者試舉一首〈雙福山公墓〉，看看這位溫婉小女子如何描寫死亡：

也是個熱鬧的城鎮？
墓碑們，如此矗立
如千家萬户
雖然空無一人
空氣亦如此死沉
家家户户
各守各的家門

他們並肩排列
且無言相望

寂寞啊寂寞
殷勤的寂寞來時要如何排解
眼前公路上川流不息的 人
就如生前
畢竟是太遙遠了

只能在夜裡
邀請些芳鄰
共飲月色，並且
說幾則淒涼而又嚇人的故事

詩中首句即把墓園形容爲「也是個熱鬧的城鎮」，確實令人於突兀中莞爾。而當鬼魂們寂寞時如何排遣，淑麗勸它們道：「邀請些芳鄰／共飲月色，並且／說幾則淒涼而又嚇人的故事」也是夠令人拍案叫絕的。把一個原本應當是十分悲傷、嚴肅甚至應是恐怖的場景，描寫得如此輕鬆、浪漫甚至是詼諧。以另一種角度看世界，淑麗確實提供了我們另一種思維方式。

這首詩是淑麗早期所寫，也可見得她對詩的天份了。

當然，淑麗的詩也並非沒有缺點，她的一些詩作，詩質較薄，有流於散文化的傾向。另，某些詩句，斷句不太恰當，這些都是筆者認爲有待改善的。總之，《紫茉莉》是一塊墊腳石，淑麗鋪好了她進入詩壇的第一塊墊腳石之後，相信往後她會越走越穩，終將走出一片屬於自己的天空。

二〇〇〇年四月

台客和大陸詩人畫家章安君二〇〇一年合影於杭州

難忘九二一

——《見震九二一》自序

九二一大地震，是台灣百年最大的災難，是老天爺在廿世紀末，對台灣兩千兩百餘萬同胞所開最大的一個玩笑。

九二一是一份傷慟，烙印在所有台灣人的心中，永遠難以忘記。

九二一是悲痛的日子，九二一是令人咀咒的日子，九二一也是令人難以忘懷的日子……轉眼之間，九二一又離我們遠去了，雖然那個傷口猶在某個部位喊痛，但人類最大的優點與缺點就是——容易遺忘。是的，隨著時光的不停流逝，我們的記憶也將逐漸淡忘。甚至幾年幾十年之後，我們的下一代可能無法知道，九二一到底是一種什麼日子？

但我們這一代是永遠無法忘記的。

屋倒、樓塌、路斷、橋毀、山崩、地裂，大火瀰漫中，那一隻隻惶恐伸出待援的手；斷垣殘壁下，那一張張悽惶哀傷的臉孔；父母找不到孩子，丈夫喚不回妻子，甚至一家數口全部罹難。啊！那一張張因過度驚恐而嚴重扭曲變形的臉龐，那被壓在萬噸樑柱下猶緊緊相擁的親人;還有還有,黃塵瀰漫的中橫青山道上,有幾多不歸人含恨以終;礫石滾滾的九份二山裡,埋葬著迄今猶無法挖著屍骨的無辜村民……

是的,是的,這一幕幕,永遠烙印在我們的腦海裡,永遠無法忘記。

或許是出於詩人的敏感與職責吧!自從九二一大地震發生後,整整一個月時間,我的心情就一直陷在大地震的泥淖中,無法平復。每天除了例行的上班工作外,其餘的時間,我唯一能做、想做的事就是——看地震新聞、讀地震報導及實地前往災區勘災憑弔。當然,我也身不由己、義不容辭的拿起我的筆,以最熟悉的詩的手法,將每天所發生的喜怒哀樂一一紀錄下來,短短不到卅天,我竟寫出了五十首詩作。

我決定將這五十首詩作,連同我於地震後百日陸續寫出的散文十篇,及所攝影的一些相片,出版一本詩集,取名《見「震」九二一》,是爲了保存一份見證,希望九二一大地震後一個月內所發生的人、事、物,不因時光的流逝,而從我們的記憶裡消褪。甚至幾年幾十年之後,我們的下一代閱讀到這一本詩集,也能從中感受到當年九二一大地震對台灣造成的危害與震撼,因而有所警惕。如此,則吾願足矣!

最後,容我感謝向明與秦嶽兩位前輩幫這本小書作序,我的大學好同學謝富霖先生(他就住在此次地震的震央埔里),及霧峰的邱中均先生,爲這本詩集提供了部份相片。

一九九九年十二月

做一件有意義的事

——《百年震撼——九二一大地震詩選集》自序

國父孫中山先生曾說：「做大事不要做大官。」慈濟證嚴法師也曾於九二一大地震後說：「悲極無言說，做就對了。」

做事，做一件有意義的事，雖然可能要遭遇到很多困難與阻礙，但只要認定這是一件有意義的事，吾人仍應鼓起勇氣，奮力向前，直到完成。

・　・　・

編輯一本九二一大地震的詩選集，向歷史有所交待，就是筆者認爲一件十分有意義的事。

・　・　・

記得去年九二一大地震發生後，全國陷入一片愁雲慘霧之中，大家在悲痛之餘，紛紛有錢出錢，有力出力，在短短數個月中，將地震留給我們的慘痛災難減至最低。大地震發生後數個月，市面上雖然也見到幾本有關大地震的書，但都是是一些報導、攝影專集，迄無人將一些較有文學價值的作品諸如新詩、散文、小說，輯成專集出版，供人閱讀或留作史料參考，殊爲可惜。

身爲文學界的一員，寫詩的人，遭逢這台灣百年以來的大震，我能做些什麼呢？這是大地震後筆者苦思的一個問題。由於恰好身爲《葡萄園》詩刊主編，編輯一個大地震的紀念專輯，自是當務之急。爲了使這個專輯做得更完美，筆者幾次開車南下中部災區探勘、攝影（見筆者所著《見震九二一》一書）。大地震專輯編輯完成後，筆者又產生一種想法，是否應將各報紙副刊、期刊、詩刊等發表的有關此次大地震的詩作，再經汰選，出版一本紀念性的詩選集，這是筆者當初發下的宏願，但能否實現呢？

・・・

俗語說：「頭剃了，不能不洗。」當筆者發下宏願並分別在《葡萄園》詩刊一四四期、《秋水》詩刊一〇四期及《乾坤》詩刊十三期發出大地震詩選集徵稿消息後，始發現發願容易，完成難。經費問題，選稿、邀稿等問題一大堆，加以筆者身爲上班族，且身兼《葡萄園》詩刊的編輯工作，時間眞是有限。曾經一度產生灰心的念頭，想要放棄，但又覺得對不起很多主動寄稿來的詩人朋友。正當猶豫不決時，有一夜，當我漫然的讀著《笠》詩刊二一四期（一九九九年十二月號）時，突然讀到一篇詩壇前輩李魁賢所寫的文章〈隨大地心動〉，其中有一段話如下：「日本阪神大地震後，日本詩人描寫震災的詩作大量出現，後來輯成二册專集，許多動人心弦的詩篇流傳下來……」是的，日本人能，台灣人當然更能。由於這個念頭，促使筆者更加決心將這件有意義的事情完成。

・・・

經過一再的汰選，收錄在這本詩選集的詩作共是八十五人九十首（含詩組及組詩八首），這些詩作約有三分之二選自幾本曾經製作過大地震專輯或特輯的詩刊，諸如《葡萄園》、《創世紀》、《笠》、《乾坤》、《台灣詩學》，其餘約三分之一選自一些未製作過專輯的詩刊、報紙副刊、以及主動寄稿參與應徵的詩作。至於詳細選用情形如下：《葡萄園》詩刊「九二一大地震專輯」，五十人六十二首選用廿八人廿八首，《笠》詩刊「九二一台灣大地震特輯」，四十七人八十二首選用十五人十六首，《創世紀》詩刊「九二一大地震特輯」，十六人十八首選用四人四首，《台灣詩學》季刊「九二一大地震特輯」，八人九首選用二人二首，《乾坤》詩刊「大地之慟——台灣中部大地震特輯」，十五人十九首選用九人九首。未出專輯但有大地震詩的詩刊選用情形如下：《藍星詩學》三人三首選用二人二首，《秋水》詩刊三人三首選用二人二首。《海鷗》詩刊三人四首選用一人一首。選自報紙副刊的共九人九首，分別是《中央日報副刊》一人一首（組詩），《自由時報副刊》一人一首，《聯合報副刊》三人三首，《青年日報副刊》一人一首，《民眾日報副刊》一人一首，世界論壇報《新詩天地》一人一首。另，主動寄稿前來應徵未發表但決定採用者計十六人十七首（有些後來陸續發表於詩、報刊中）。

值得一提的是，從各詩刊專輯、特輯選出的詩作，很多都已曾在各報紙副刊中發表，如選自《笠》詩刊的岩上作品〈大地震，世紀末生死悲情〉曾發表於台灣新聞報《西子灣副刊》、李魁賢的〈山在哭〉曾發表於《自由時報副刊》，選自《葡萄園》的廖永來作品〈從廢墟站起來〉曾發表於《自由時報副刊》，《藍星詩學》的羅門作品〈921 悲愴鳴奏曲〉更發表於台灣新聞報《西子灣副刊》、《新觀念》期刊等等……。爲免掛一漏萬，本詩選集詩後註明之出處一律以詩刊爲準。

至於選稿方面，筆者秉持著三項主要原則，詩作太晦澀虛無不選，詩作太淺白直露不選，詩作太長盡量少選。由於這本書的主題是表達大地震對人類造成的傷痛，故若僅止於想像而無眞實感情的詩不選，偏離主旨、指桑罵槐或借題發揮的詩亦不選。另，編輯本書時，筆者盡量以宏觀的角度，爲歷史留見證的心情來選

台客所編、著書籍中的其中四種

詩。至於詩的編排方式，則以姓氏（電腦字型）筆劃順序爲之。

有一點，筆者不得不附帶一提，本書選稿完畢發出徵詢同意書後，國內有四位詩人朋友一直未將同意書寄回，經筆者以掛號郵件再寄，仍然石沉大海，只好予以割捨。這是筆者於編輯此書的過程中，稍感遺憾的。

・・・

當然，自九二一大地震發生後，全國各報紙副刊、期刊、詩刊發表的有關大地震的詩作何止千百，要選出一本能概括全部的詩選集談何容易。本書所選者僅是筆者就資料及能力所及而做的努力。筆者也衷心期盼，這本詩選集能起拋磚引玉的作用，在不久的將來，有更多文友們投入這項有意義的工作，將來出版更多有關九二一大地震的詩、散文、小說等選集。

・・・

最後，筆者要感謝爲這本書提供協助的人士與單位——爲本書提供墨寶的鍾鼎文前輩，爲本書寫序的李魁賢、高準、謝輝煌三位前輩，無償提供災區部份相片的霧峰邱中均先生、埔里謝富霖先生、金三角傳播公司攝影家林暉先生及蔡乾華先生，以及主動或被動供稿的百餘位台灣、大陸及海外詩友，您們的熱情參與，使得此書得以順利誕生，謹致上萬分的謝忱。

二〇〇〇年四月

無悔的選擇

——《不惑之歌——葡萄園四十週年詩選集》自序

記得二〇〇一年十二月，筆者在《詩歌藝術》第七期發表的「得獎感言」（筆者獲詩歌編輯獎）中的第一句話：「寫詩是我的興趣，編輯詩刊則是一種無悔的選擇。」是的，如今，編輯《葡萄園四十週年詩選集》一書，似乎也只能以「無悔的選擇」一句，來形容個人心情了。

大約是一九九九年冬季吧！在一次出刊聚會上，與會同仁討論如何籌備本刊四十週年事宜。舉辦詩獎及出書是兩件大事。舉辦詩獎在經過幾次討論後終於定案。但是出書則顯得坎坷。由於經濟等因素，同仁們對出一本同仁紀念詩選集意願較高，至於另編一本所有詩人的詩選集，則由於工程浩大，且需大筆資金，則顯得力有未逮，猶豫不決。

四十週年詩選集在幾次社務會議中觸礁後，身爲主編的筆者不免也陷入長考，究竟是編還是不編？不編，則顯得輕鬆，然而面對廿、卅週年詩選集，似乎無法對所有詩友及歷史有所交待；編，則亦問題重重，要從十年之中近四十本的詩刊數千首詩中，選出頂多一、二百首佳作輯爲一册，工程十分浩大，筆者可有這份時間與精力？而即使選出了，各項聯絡工作及出書的資金等也是問題。幾經思索，筆者終於在另一次的本刊校對聚會中表達看法，四十週年詩選由筆者負責主編，所有一切的資金亦由筆者獨力籌措。

利用編輯《葡萄園》詩刊後的空檔，歷經約一個月不眠不休的選詩過程，筆者終於選出了約二百多人三百餘首的作品，再經由四位編委文曉村、金筑、晶晶、賴益成逐一檢視、評等、增刪、修正，最後再由筆者負責總整理，這就是如今呈現在各位眼前的，總選入二六四人的二六四首詩。細分爲台灣地區一一七人（首）、大陸地區一二五人（首），香港海外地區廿二人（首）。

當然，一首詩之優劣，由於每個人欣賞的角度有所不同，評比也可能兩極，故不能說本書所選出來的詩就一定優於未入選的，只能說本書中所選的，僅是筆者及四位編委努力後的一份成績單而已。而在選詩的過程中，筆者也經常陷於兩難。某些詩人經常在本刊發表作品，十年中累積數量龐大，佳作自亦不少，如何在這些佳作中再挑選出最佳者，煞費苦心；而某些詩人，只是本刊的過客，十年中僅蜻蜓點水般的發表少數幾首，雖偶有佳作，選或不選？對於前者來說，僅選用一首，似乎有欠公平；對後者來說，選用一首，顯得幸運。然而由於篇幅及其他考量，這些無奈，只能讓它成爲事實。

值得一提的是，本書入選人數大陸詩友首度超過台灣詩友，這有兩種原因。其一：台灣詩友群在本刊發表作品較固定，大陸詩友則變動很大，長期下來，大陸詩友發表人數比台灣詩友超出很多，在每人僅選用一首的原則下，大陸詩友人數超過台灣詩友也就顯得不足為奇。其二：本刊長期以來重視兩岸詩歌交流，每期提供較多篇幅給大陸詩友，當然也是原因之一。

總之，《不惑之歌——葡萄園四十週年詩選集》一書，在歷經幾番波折與努力之後，如今總算即將順利推出，呈現在諸位詩友眼前，差可告慰。不管您是入選還是未能入選，希望我們繼續努力，在往後的歲月風雨中，《葡萄園》仍然要在您的支持下繼續走下去，迎接另一個十年、再十年……。

最後筆者要感謝四位編委文曉村、金筑、晶晶、賴益成在選詩及編印過程中給予的種種協助、建言。也感謝本書所有入選的作者，由於您們的慨然同意，使得本書得以順利推出，見證本刊創刊四十年來的又一收穫季。

二〇〇二年三月十七日

微型詩大宇宙

——序蔡培國詩集《微型詩三百首》

山東青年詩人蔡培國，從遙遠的彼岸寄來他即將於今秋出版的詩集《微型詩三百首》，囑我爲他的這本詩集「寫點東西」。雖然對於微型詩，自己所知極爲有限，但感於培國的衷心期待與對詩的熱忱，故不得不勉爲之執筆，寫點不成熟的觀感。

微型詩是指一至三行內的小詩，筆者感覺寫微型詩就好像是寫生活中的吉光片羽、靈感頓悟。微型詩行數少，用字經濟，而又要擁有詩的型式與內容，故寫一首好的微型詩，不比寫一首十數行或數十行的詩來得容易。可以說，微型詩也有大宇宙，就看經營者的手法與功力了。

遼寧已故詩人徐竹影有一首題目就叫〈詩〉的詩是這樣寫的：「詩／越寫越短／是詩人的才幹／／詩／越寫越長／是讀者的災難」微型詩就是最能實踐這個信條的詩。在當今工商、電腦時代忙碌的社會，微型詩輕薄、短小的優越個性，無疑是值得提倡的。

微型詩寫得好，就好像一位身材曼妙的年輕女郎從你身邊擦身而過，吸引著你讚嘆的目光；微型詩寫得不好，就好像一位瘦骨嶙峋的老婦，從妳身旁走過，引不起你再看一眼的興趣。

青年詩人蔡培國受到他的老師穆仁的影響，熱愛微型詩的寫作。每天除了上工時間外，其餘時間就是「處心積慮」的到處「找詩」。他的勤奮終於有了代價，經過數年的努力，「擒獲」微型詩數百首，經過精心整理，推出最佳的三百首出書。相信這本書的出版，可爲微型詩的發展史，留下一道美麗的痕跡。

《微型詩三百首》，內容包羅萬象，概分爲「歌詠自然」、「生活速寫」、「生活小語」、「愛情淺唱」、「詠物寄意」等等欄目。筆者仔細閱讀其中一些作品，感覺都寫得十分生動，富有寄寓。茲舉其中二首，以爲證明。

首先我們看：〈生活小語之四十三〉

世上
沒有一扇門是應聲而開的　你應該
再敲一下　再敲一下

以敲門的比喻，暗示人們遇到生活中的困難時，應當一試再試，不要輕言放棄。比喻自然、生動，令人閱後，深有所感。

再看一首「純樸的鄉情」欄目裡的〈皺紋〉：

生命的五線譜
彈響
歲月的幽深

把額頭上的皺紋，比喻爲琴弦般的五線譜，因而「彈響／歲月的幽深」全詩三行十三個字，用字之精簡，比喻之恰當，表現之深刻，令人讚嘆。

總之，蔡培國的這本《微型詩三百首》的出版，是一件值得欣喜的事。筆者也期待由於這本書的出版，使得一向對微型詩頗有使命感的蔡培國，獲得更大的動力，將來寫出更多更好的微型詩作品。

二〇〇四年五月

許多詩句通緝我

——序路痕詩集《餘光盅》

現居嘉義市的青壯詩人路痕，想出版第四本個人詩集，來信詢問我，是否可介紹較省錢的出版方式？很慚愧，雖然我主編《葡萄園》詩刊多年，但對國內各大出版社仍十分陌生，想來想去，最後只好把一位詩友電話中告訴我的「秘方」傳授給他……

雖然說是「秘方」，但其實也不是什麼「秘密」，簡言之，就是要作者先把自己的作品用電腦打字、排版好，再拿給出版社直接印刷，聽說這樣可以省對半的出書費。果然，路痕得到這個「秘方」後，立即和出版社老闆聯繫，並動手準備，忙碌了好幾個月，總算將詩集整理完成，即將付梓。他又來信告訴我，並希望我為他的這本書寫個序之類的。一則我也算「介紹人」，再則至今雖然僅和路痕在幾年前有過匆促一面之緣，但他長期在《葡萄園》投稿，他的這本集子裡的很多詩都曾發表在葡刊內，我早已拜讀，並十分欣賞。故也就欣然答應。

《餘光盅》一書，共收作者近十年來的詩作百餘首，全書又分七輯，另有作者詩論八篇及附錄二篇。書後並附歷年詩發表記錄及寫作年表，可見得作者對這本詩集的用心與重視。

首先我們來看輯一「試說新語」。本輯中收錄有廿五個由三個相同字母組成的漢字的小詩，每一首都寫得十分生動、有趣。若非作者有心搜集，甚至很多字我們都不知有它的存在呢？此外，本輯中的〈茶〉，筆者也認爲是一首意象經營十分成功的好詩。「蟬噪八題」組詩，頗有禪的味道，這首組詩作者在書後的論文中有擴充解說，就不用筆者再撓舌了。

輯二「芋仔寒薺」，共收十五首詩作。大多是針對時政、社會事件，有感而發。如〈牧民〉之針對選舉、〈到底是誰的天空〉之針對鳥類飛翔及生存權、〈九八達邦勇士離鄉告白〉之針對弱勢原住民、〈在裡面〉一首，早在三年前就已收入筆者所編九二一大地震詩選集《百年震撼》一書中。〈岸〉一首也被收入《葡》刊一五一期的「兩岸情」專輯中，而獲得很多詩友的賞識。

輯三「母親的畫像」，共收詩六首，分別是寫給父、母、兒子及朋友等。本輯中以寫給父親的〈父親〉及寫給母親的〈母親的畫像〉兩首較生動，寫給兒子的〈小羅漢〉，寫給朋友的〈朋友〉尚可。至於最後兩首〈彩衣〉、〈童語〉，筆者認爲寫得似嫌晦澀了些，且收入此輯，也顯得有些勉強。

輯四「美夢蚊鳴及其他」，共收詩廿首，大多是感時懷舊之作，筆者較欣賞其中的〈舊時感嘆〉、〈有一種愛〉、〈星夜訴情〉、〈抒情〉四首，這四首無論在詩的意象、意境經營及詩的形式表現等較成功。其他幾首諸如〈坐在南方澳的海邊〉、〈維納斯〉、〈修正液〉等，雖然在詩中或許某些意象有傑出表現，但總令人感覺有句無篇，或者在詩的形式上表現等，仍有努力經營的空間。當然，這只是筆者閱讀過後，個人粗淺的看法。

輯五「想問你　詩人」包括五首詩及一首組詩。五首詩分別是寫給詩人羅門、渡也、沙穗、紀小樣及彼岸詩人章安君。這五首詩除了給紀小樣的〈僞飾〉一首筆力較弱外，其餘四首都寫得十分成功，尤以〈致章安君〉一首。這首詩是詩人在《葡萄園》詩刊上讀到換腎詩人章安君二度病危在上海軍醫院病床上所寫的詩作後，有感之作。詩中詩人融入充滿同理心的感情，字字句句寫來，撼人心弦。也由於這首詩，兩岸牽起了一線詩緣。另，組詩「詩詠六式」，也寫得生動在趣，令人莞爾。

輯六「隱形的詩人」，共收詩十三首，大部份是詩人感時言志之作。這輯作品中大部份都在水準之上，少部份作品諸如〈自慰〉、〈食人〉，筆者認爲在用字遣詞及詩句詩節推敲上，尚有提昇空間。當然，這輯中的最後一首〈心靈三部曲〉，曾獲得《葡萄園》詩刊創刊四十週年的詩創作獎，讀者可以仔細品賞。

輯七「輸送帶」，收詩十首，大部份都寫景詠物之作。其中〈足球〉、〈威而剛〉、〈輸送帶〉、〈奮起湖兩題〉等，都寫得十分出色。〈足球〉一詩中「在腳的森林／裸奔的一蕩婦」「被腳過／被膝過／被肩過」詩句創新、幽默，令人稱奇。

總之，寫科幻小說爲主業（至二〇〇二年爲止，路痕已出版了十一本科幻小說），以寫詩爲副業的路痕老弟，即將出版他人生中重要的第四本個人詩集。做爲好友的筆者，再忙也要撥出時間，爲這本書說幾句話。只是如今大環境景氣不佳，新詩除了少有人青睞外，詩集更是賣不出去。我暗暗祈禱寫科幻小說的陸恆，作品大賣，以補貼詩人的路痕出版的這本詩集。當然也期望詩友們，在這本書出版後，多予購閱，給詩一個鼓勵！

二〇〇三年八月

註：詩題「許多詩句通緝我」，乃路痕〈牢騷〉詩中的詩句。

一株褪色的異鄉樹

——序花甲白丁詩集《孤獨的浪花》

白丁的詩，爲什麼充斥那麼多的傷、痛、淚、苦、悲、愁、無奈與不甘……？令人讀後內心極端沉重。其實，只要先了解白丁的身世與目前所處環境，那麼就不難解讀他的詩了。

花甲白丁，本名虞登朝，一九二七年生，山東蓬萊人，一九四九年隨國爭撤退來台，一九五七年自軍中退役後，一個人孤零零，在異鄉漂泊、生存發展。年輕歲月裡，曾當過採石工人、賣過陽春麵、甘蔗汁、開鑿中部橫貫公路工人及臨時僱員等等，都是社會極底層的工作。離鄉背井，飽嘗生活煎熬，如今已屆老年，雖然靠著自己的拚搏，已經擁有一個尚稱溫馨的家，但幾十年來的飄泊奮鬥，嚐盡人間冷暖，讓他一直耿耿於懷，不吐不快。加之對目前國家、社會，諸多亂象的憂慮，更讓他不得不以詩當劍，奮斬群妖……

《孤獨的浪花》這一本詩集，是白丁繼一九九七年出版《淺淺的腳印》之後的第二本詩集，全書分五卷共收詩一四三首，寫作年代自一九九六年至二〇〇四年，九年中共成詩一百四十餘首，對一位七十老人來說，可以算是不錯的成績了。

仔細賞讀了白丁的這一百餘首詩作，筆者以爲他的作品可以初分爲以下三大類：一、思鄉之作。二、感時之作。三、傷逝悼亡之作。試析論之。

一、思鄉之作。詩人從廿二歲離開故鄉山東蓬萊之後，迄今一直未返回故鄉一趟。雖然幾十年來，他早已把異鄉當成了故鄉。然而在內心深處，誰又能眞正忘懷自己出生、成長的原鄉呢？本書中的諸多作品如〈異鄉曲〉、〈給異鄉人〉、〈異鄉樹的悲歌〉、〈花與鄉愁〉等等，都是這類作品的代表。這些作品都寫得十分深沉，讀後令人爲之低迴、感傷，以下試舉〈思鄉曲〉一詩爲例：

所有的都在飄泊途中揮霍光了
而今只剩下鄉音就是捨不得丟

記憶　今仍不肯告訴我
茫茫天涯根在何處　叫我怎能
管得住飽食風霜的老淚呢

儘管當年妳只生　而不
養我

育我
但妳畢竟乃生我之母啊
我豈能因此不懷念妳嗎

唉
陌生的故鄉啊
妳在何方
我在思念妳　知道嗎

二、感時之作。由於白丁一生歷經烽火歲月，飽嘗流離顛沛之苦，故他對時局一向是十分注意與關心的。關心注意之餘，對於某些不肖政客的所作所爲以及社會諸多亂相，自然要發出不平之鳴，這些作品在本書中占了不少篇幅，諸如〈誰敢把掌聲給你〉、〈給某個落選者〉、〈另一種聲音〉、〈老招牌能換嗎〉、〈沉默的擔心〉、〈口水戰士〉等等。這類作品，雖然有些流於直露，較少詩意，但也有些作品因比喻的恰當，令人讀後頗有同感，現試舉〈選舉偶感〉一詩爲例：

口水像墨汁
語言像飛彈

笑容曖昧　眼色詭異
情義薄如紙
唯我是主題

身段柔似水
承諾很浪漫
結果都是
六月的雪花
空飄的氣球
而諾言　似釣餌
專釣那些　無耳膜
有眼無珠的掌聲

三、傷逝悼亡之作。人到了老年，對於前塵往事，總是充滿感傷與無奈；對於將來，也存著「夕陽無限好，只是近黃昏」的感嘆。本書中，這類作品相當的多，可以說充分反應詩

人的心境，諸如〈落葉的悲哀〉、〈怨誰呢〉、〈浪子淚〉、〈對鏡自語〉、〈安魂曲〉、
〈老兵的悲哀〉等等，這類作品，由於是作者內心眞誠的省視，故寫得都極其感人，以下試舉一首〈我〉爲例：

不是風
不是浪
只是隻
被烽火燎傷的信鴿
風雪中落單的孤雁
在懵懂中
在荒謬裡
虛耗春秋

很不想成爲
歷史的配料
潮流的糧食
刀槍下的祭品

風雨中的落葉
可是啊
我能嗎

當然，《孤獨的浪花》一書中除了上述三類主題的詩作外，也有一些自勵、寫情、寫景以及有贈之類的作品。這些作品，也都和前面三大類一樣，佳作不少，在這裡就不一一詳析，讓讀者自己去發現吧！

總之，仔細閱讀完了《孤獨的浪花》一書，筆者對於花甲白丁內心充滿了感佩，感佩於他對詩的堅持與執著。今年八月下旬，我有一趟花東之行，第一天的晚上就是住在花蓮壽豐鄉米棧村白丁的鐵皮屋「別墅」中。白丁告訴我，如今他不但眼力不行了，連雙手握筆也抖動得很厲害，幾乎已到了無法寫字的地步。但即使如此，他仍要不停的寫，直到哪一天眞正倒下爲止。此種爲詩「拚命」的精神，聞之豈不令人動容。我想，白丁的的確確，不愧爲一位詩人中的詩人了。祝福白丁！

二〇〇四年十二月

參加第廿三屆世界詩人大會有感

第廿三屆世界詩人大會於二〇〇三年十月廿四日至廿九日在中華民國的台灣省舉行。前後共六天的行程，又分為兩階段。第一階段是廿四、五兩日在台北市的環亞飯店大禮堂內，舉行開幕式、各項演講會、詩歌朗誦會等等，這當然是此次大會的重頭戲了。第二階段則是廿六日至廿九日，四日中來自各國的百餘位詩人，乘坐遊覽車前往花、東地區，以及高雄、台中日月潭等地參觀、訪問交流。由於筆者僅參加第一階段的大會行程，故觀察與感想，也僅以第一階段為準。

此次世界詩人大會之舉辦，照例由中華民國新詩學會負責，理事長綠蒂一肩扛起重任。在籌備的數月甚至經年期間，其辛勞過程可想而知。尤其此次大會，因歷經國內政黨輪替以及景氣經濟下滑，以致各種補助及贊助款大幅縮水，在找人沒人、找錢沒錢的窘況下，幸賴綠蒂先生憑其數十年來累積的人脈與交涉經驗，最終化險為夷，順利舉辦成功，我們向綠蒂先生表達由衷敬意。據筆者所知，此次幫助最多最大者，係新原人雜誌的創辦人愚溪（洪慶裕）先生，我們也向他致敬。

據統計，此次報名欲前來參加大會的世界各國及地區人士，計有卅一國或地區的一百一十餘位詩人。大部份國家、地區的詩人朋友都能按計劃抵達。惟有中國大陸一直存有變數。最後中國大陸在報名的廿七位中，僅有一位年輕女詩人，經由第三國順利抵台參加，形成唯一的代表，令人感覺可貴卻也遺憾。兩岸這種零和角力遊戲，不知還要到幾時方休？至於本地詩人前來參加的也有百餘位。近兩百位詩人，齊聚一堂，兩日內透過詩學研討，詩歌朗誦等活動，充

葡刊同仁文林、曾美玲、吳淑麗、文曉村、金筑、台客夫婦於廿三屆世界詩人大會講台前合影。（2004 年）

分達到相互交流的目的，誠屬難能可貴。

此次大會之資料搜集，也較九年前在台舉行的第十五屆世界詩人大會有所進步。不但印有「專書」（內收有全體與會詩人的作品、簡介等），且由新原人雜誌出版了「專刊」，使得此次大會至少不會「船過水無痕」。此外，大會也準備了內衣（印有此次大會之標誌）、白色四方形水晶文鎮（內嵌地球儀及大會標誌），贈與每位與會詩人，算是十分溫馨的禮物。繳會參加者，每位詩人最後還獲得一張「畢業贈書」。唯一遺憾者，此次大會仍沒有安排集體合影，讓大家的影像與友誼永久長存。

當然，此次大會收費偏高，會前也引起部份詩人的反彈，最後幸賴大部份詩人在「共體時艱」、「國家形象」的共識下，紛紛報名參加。大會最後在財源稍有來路後，也調低收費（第二階段旅遊部份），總算讓這次大會開得還算「圓滿成功」。

總之，第廿三屆世界詩人大會，在大家的期盼與關切下，又匆匆落幕了。檢討過去、惕勵將來。我們希望這個屬於全體詩人的世界上最大的組織，每年能夠順利的輪流在各國召開，讓詩人的聲音盡量宣揚出來。

最後，再次舉手，向每位在此次大會中做出奉獻的工作人員，致上最高敬意。

二〇〇四年元月

參加第六屆國際華文詩人筆會有感

第六屆國際華文詩人筆會，於今年八月廿日至廿三日，在東北的大連市舉辦，與會的海內外華文詩人共約近百位參加。這是一項十分盛大的詩會活動，筆者首次獲邀參加，感覺十分榮幸，也獲益良多。

綜合參與此次盛會，筆者有以下三點感想，茲略述如下：

一、**詩會規模越來越大**。據此次筆會的常務副主席野曼在大會中報告，首屆的筆會僅有三、四十位詩人參加，經過歷屆不斷增加，今年竟已達近百位，發展十分迅速。野曼先生也透露，尚有數十位詩友也主動表示參加的意願，但限於名額而無法一一獲邀，十分遺憾。此外，此次海外前來參與盛會的詩友們也十分踴躍，計有台灣、香港、加拿大、美國、澳洲、英國、菲律賓、泰國、馬來西亞、新加坡、韓國、日本、蒙古、塞爾維亞，共十四個國家與地區的卅餘位詩人，排除萬難前來，確屬難能可貴。

二、**大會日程安排十分貼切**。在短短的四天會議期間，大會共安排了三場論文研討會、四次短途旅遊，以及一次詩歌朗誦晚會。由於日程安排得當，使得與會的詩人們出席率與興緻都十分高昂。三場論文研討會，共聆聽了廿餘位詩人的論文，間或有質疑或唇槍舌戰的場面，但並不影響私下的友誼。四次短途旅遊，將大連與旅順兩地的景區盡覽，令人心曠神怡。而僅有一次的詩歌朗誦會，則精銳盡出，有四十餘位詩人上台朗誦自己的得意作品，有些誦之不足，甚至以歌、以手舞足蹈表現，博得台下數百位慕名而來的當地詩友們的熱烈掌聲。

三、大連實德集團的魄力令人敬佩。

此次大會的經費，絕大部份由大連實德集團企業贊助。詳細金額筆者無法獲悉，但應是一筆可觀的數目。實德企業是設廠在大連市以生產塑、化鋼材等產品，行銷全大陸及海外的大型企業。公司很大，但負責人卻十分年輕，僅有卅餘歲，姓徐名

台客攝於筆會現場（2001年）

明。徐總裁年輕有爲，在成功的經營了企業後，不忘回饋鄉里，經常捐出大筆金錢贊助一些藝文、體育等大型活動，令人敬佩。筆者謹在此向徐總裁以及實德集團的所有員工們，再次表達無限謝意。而筆者也不禁想到，假如一些大型企業家們，都能效法實德，那麼我們的社會將更和諧、美滿，而我們詩人也更有福了。

當然，此次大會也有少許不盡完美的地方，諸如論文無法搜集成册，論文發表時間掌握不夠週密，以及台上台下較缺少互動等等，都是值得下一屆改進的地方。

另外，據野曼先生透露，本次的詩歌朗誦晚會，原本計劃在大連市的一個露天大廣場舉行，歡迎所有大連市民參加，可以想像屆時不但場面浩大，且直接將詩歌推向群衆，十分富有意義。可惜由於籌備不及而改爲室內，令人遺憾。

最後，筆者除了再次表達謝意外，也衷心期盼筆會在知名詩人犁青、野曼的領導下，一年比一年辦得更好，一屆比一屆辦得更出色。

二〇〇一年九月

參加第八屆國際華文詩人筆會有感

第八屆國際華文詩人筆會於今年九月十五日至廿日在廣東省的珠海市舉行，筆者有幸獲邀前往參加，在風光明媚，有浪漫之城之稱的珠海市渡過前後六天美好的時光，至今回憶，仍覺溫馨。

或許由於聯絡匆促，此次與會的詩人總共不足百位，較以往少些。約有十餘人分別來自美、英、澳、紐、菲、新加坡及南斯拉夫，來自台灣的有十三人，港澳地區約數位，其餘均是來自內地各省及珠海、深圳當地的詩人朋友。由於前年我曾參加大連的詩會，故認識的詩友不少，老友重逢，算是「有緣」，大家互相高興的握手。然而也有很多老朋友此次不克前來，令人頗感悵然。

九月十五日是報到的日子，九月十六日上午大會正式開始，大會先頒發今年的「中國當代詩魂」金獎。有四位內地前輩詩人得獎，他們是賀敬之、李瑛、曾卓、綠原。賀敬之及李瑛親自前來領獎，曾卓已去逝由其妻代領，綠原也不克出席，由其女兒代領。

台上頒獎頒得轟轟烈烈，台下詩人們也紛紛報以熱烈掌聲，有些並趨前攝影留念，我也是其中一位。當我拿著相機來到台前座位，看到剛領完獎的曾卓夫人薛如茵女士，正散發一張摺疊卡片給記者朋友們，就順手向她要了一張，返回座位一看，夾面裡印有曾卓的兩首詩〈懸崖邊的樹〉、〈沒有我不肯坐的火車〉，正面上半部印有曾卓滿面笑容的照片，底下有兩行歪歪扭扭的字：「我愛你們！謝謝你們！」底下署名時間二〇〇二年四月十日凌晨一時廿分。這是曾卓前輩臨終前的絕筆字啊！看得令人心酸。再看底頁，印有如下幾行詩句：

……………
當那一天終於到來——
當我最後凝望這世界
我的眼睛（我的心）
將像紅燭
燃燒著，又流著淚
當生命的燈熄滅的時候
我的眷戀，我的祝福，我的愛
將化作一朵
永遠永遠
在空中漂流的雲……

我在心中默默的唸著詩句，一遍又一遍，眼睛不覺有些濕潤，詩人對生命以及詩的追求，何其執著，至死也不罷休。這才是眞正的詩人呀！……

此次大會總共舉行了兩場「國際詩歌論壇」詩學研討會。然而由於事前的準備作業不足，以致研討會幾淪爲座談會，很多詩人朋友會前辛辛苦苦撰寫的論文並不受重視，殊爲美中不足。希望下屆能夠有所改進。

除了研討會外，大會也安排與會詩人們前往市區景點旅遊，計參觀了陳芳故居、淇澳島、唐家共和國及亞馬遜部落。九月十八日晚上並至有名的「圓明新園」去觀賞一場大型的歌舞秀表演，這場描寫大清帝國自開國以迄盛世的繁榮景況！據說光是演員就有一、二百位之多，演員服裝極端的華麗不用

台灣詩人在筆會講台前大合影

說，舞台佈置採上、中、下立體設計，甚至動員了無數戰馬、戰車，從舞台外兩側適時衝過觀衆席前，以表現戰爭的氣氛與場面，現場配合爆破、煙火、雪花等等效果，看得令人目不暇給，大呼過癮。

在亞馬遜部落遊樂區，詩人們人手一株榕樹，大家植樹爲林，現場掛起賀敬之前輩親題的「詩人之林」墨寶一幅。我想幾年之後，一定要再回去看看，我親手植的那株「台客樹」，是否仍然郁郁蔥蔥的成長著……

此外，九月十七日晚上，在珠海有名的愛情灣海邊，有一場露天的詩歌朗誦晚會。海風習習吹拂，詩人們在涼爽的夜空中，盡情的高聲朗誦自己的詩作，台下人潮洶湧，不斷爆以熱烈的掌聲。可以說是一場十分成功的朗誦會。

總之，珠海之行，前後短短六天，留下的印象是深刻的、美好的。

二〇〇三年九月

雙十節掃墓記

二〇〇三年十月七日晚上，文曉村老師突然來電，問我十月十日當天是否有空，我問有何事嗎？文老師說，向明想邀他及幾位詩人朋友前往新店安坑的龍泉墓園去祭弔覃子豪先生，今年是覃先生去逝四十週年，但是找不到車前往，我立即答應開車前去「支援」。

十月十日早上九點由鶯歌家中出發，上北二高至中和載文老師，再至台北羅斯福路台電大樓前集合，十時許抵達時，一行人已到齊，大家立即出發，總共四輛車，浩浩蕩蕩，一路前往。由於今天是雙十國慶，市區內車多，約半個鐘頭才脫離車陣，由新店駛往安坑地區。十一時許抵達墓園，大家紛紛把帶來的花束，擺置在墓園前，並燃香致祭。此行前來者共有十人，除筆者和文老師、向明前輩外，其餘七人爲麥穗、藍雲、林煥彰、梅占魁、洪兆鉞、歐陽柏燕、劉正偉。謝輝煌兄原本也要前來，可能因在中途等車會合錯過了，至十二時多大家祭拜完畢下山，尚不見他的蹤影。

覃子豪先生的墓園，位於半山上，園地雖不是很大，但風景十分幽美，墓園的對面正是筆架山，登高望遠，林木蒼蒼，令人心曠神怡。

墓園前端，豎起一尊先生的半身銅雕，聽說這銅雕是出自名雕刻師何恆雄之手，造型自然生動，讓人一看就好像覃先生並沒有去逝，仍然站在我們身旁般。銅雕經過多年來的日曬雨淋，雖有些氧化現象，但無損先生的氣度與尊嚴。

銅雕下方的石柱前端，黏著一面鋁合金板，板上印有覃先生最有名的一首詩〈追求〉：「大海中的落日／悲壯得像英雄的感嘆／一顆心追過去／向遙遠的天邊／／黑夜的海風／刮起了黃沙／在蒼茫的夜裡／一個健偉的靈魂／跨上了時間的快馬」。此詩作於一九五〇年八月的花蓮港，時間已經過了半個多世紀，但朗讀起來，仍覺詩味盎然，可見眞詩是不怕時間考驗的。

銅雕的前方有一小片空地，空地上長滿了生命蓬勃綠意盎然的金針植物，有些甚至高枝上已開了朵朵黃花，金針花是母親花，或許這些金針花正是覃先生母親的化身，飄洋過海來到台灣，如今在這片墓園上相陪伴，永遠再也不分離。

二〇〇三年十月

左起台客、藍雲、文曉村、林煥彰、梅占魁、洪兆鉞、麥穗、向明、劉正偉。（歐陽柏燕攝影）

溫馨和諧與團結

——中英短詩選五十家發表會感言

由香港詩人傅天虹任總策劃，張默任主編，向明、犁青任諮議顧問，宋穎豪任英譯校讀的中外現代詩名家集萃台灣詩叢，共精選台灣五十家詩人的作品，每人一書，五十本洋洋灑灑的自選短詩集，在歷經一年多的密集籌劃、行動後，終於在今年七月大功告成。七月廿八日下午，在台北市羅斯福路三段文協大樓九樓，舉辦一場「中英短詩選五十家發表會」，到會貴賓約近百人，現場作者圍坐成一個長方形，大家不分彼此，談詩論藝，現場氣氛熱烈、溫馨、感人。筆者有幸忝列其中一員，茲爰就現場觀察所得，以溫馨、和諧、團結三個主題，提出個人感言。

一、**溫馨**：這套五十家的「詩學工程」，排名順序以年齡爲之。第一名的台灣詩壇泰斗鍾鼎文前輩，現年八十八歲，最後一名的台灣詩壇小將楊寒，今年廿五歲。兩人相差六十三歲，整整超過半個世紀有餘。然而當天大家卻是不分輩份，不分大小，圍坐一起，大家都是客人也是主人，有人想說話就拿著麥克風到場中央表達意見。想說什麼就說什麼，現場氣氛就是在這種溫馨的畫面中進行，從開始直到結束。

二、和諧：發表會一開始，主持人張默一一爲到會的詩人們介紹，每介紹一位大家都紛紛報以掌聲，尤其是遠從中、南部甚至是東部來的詩人。擔任英譯校讀勞苦功高的宋穎豪教授，因事赴美不克參與盛會，寫了一篇感言，由向明兄代讀，大家也以熱烈掌聲表達敬意。總策劃傅天虹及妻子也是銀河出版社負責人的傅小華（路羽），談起出版這套叢書所歷經的甘苦，傅小華說到辛酸處幾度紅了眼眶落淚，大家一次又一次的給予最熱烈掌聲，才使她破涕爲笑。此外鍾鼎文、文曉村、張健、蕭蕭、詹澈、洪淑苓等老中青詩人紛紛發表感言，大家也紛紛報以掌聲，現場就是在這麼和諧的氣氛中進行著。

三、團結：本次參與出書的五十位詩人，大

傅天虹、路羽、台客合影

部份來自各個詩社，如創世紀、藍星、葡萄園、乾坤、秋水、台灣詩學、海鷗、笠等等，幾乎台灣目前仍在出版的重要詩社都有詩人參與，展現台灣詩壇大團結的氣氛。也是詩壇前輩的王祿松先生上台發言，就講出了這點感想而感慨萬分。香港詩人傅天虹，或許事前也沒料想得到，由於他的策劃出版這套叢書，使得台灣詩壇一向壁壘分別的派別，有了良好互動的契機，這眞是功德一件。

二〇〇二年七月

附録

詩家評台客

澎湖玄武岩石柱節理　　（台客攝影）

「明朗、健康、中國」的創作路線之實踐

——讀台客的《故鄉之歌》

古遠清

「台客」者，台灣客人之謂也。但是這位在美麗島土生土長的台灣客，並無狹隘的地域觀念，對中國的大好河山心嚮往之。當他一九九三年八月參加台灣的「葡萄園」詩社舉辦的《詩歌之旅》到大陸湖北武漢等六省八大城市，他唱道：

我們來了
懷著詩歌的情
帶著詩歌的愛
從小小的島上飛來
將投入您的懷抱
傾訴無止盡的衷懷

這與那些視「中國」爲「海外」或「外國」的另一種「台客」完全不同。這位原名廖振卿、畢業於台灣成功大學外文系的台客，是一位立足台灣、心懷中國的愛國主義詩人。當我

去年秋天在香港新界見到他時，和他相處甚歡。他沒有把我看作大陸客，我也沒有當他是台灣客，只覺得我們都是在中國海峽兩岸爲詩歌業獻身的主人，都有責任爲分裂、對峙多年的兩岸詩壇的整合作出自己的貢獻。他當時贈我一冊《詩歌之旅》，我至今仍珍藏著。

過去由於忙於別的科研課題，台客的詩讀得不多。這次集中讀了他的新著《故鄉之歌》（葡萄園詩社一九九四年八月版），給我最突出的印象的是他實行的是道地的葡萄園詩社所倡導的「明朗、健康、中國」的路線。在晦澀詩風盛行的台灣詩壇，不惟西方馬首是瞻，和虛無詩風告別，和玩弄扭斷文法脖子的遊戲挑戰，這需要多大的藝術勇氣！有些人看來，明朗詩「淺薄」，一覽無餘。可台客並不這麼認爲。他在「後記」中說：「我仍然秉持一貫的理念，我喜歡明朗而又略帶含蓄的詩，不喜歡過度的晦澀的詩。」他過去出版的《生命樹》、《鄉下風光》以及這次出版的《故鄉之歌》，正是這種主張的實踐。試讀〈老人與小孩〉：

一個是黃昏將逝的落日
一個是早晨初起的太陽
一個是滿佈風霜的老幹
一個是初露嫩芽的新枝

一個靜悄悄獨坐屋角晒太陽
一個活潑潑蹦跳大埕在嬉戲
我站在他們中間
看著兩邊風景

前面三段用了數種比喻寫老人與小孩的精神狀態和生活細節，形成鮮明的反差，後面一段筆鋒轉向寫「站在他們中間」的「我」在看兩邊風景。他到底看到了些什麼？看到後又有何感想？作品均含而不露。前面用墨如潑的明朗與最後一段惜墨如金的含蓄，正好互爲補充。由此也可見，台客追求的明朗，是高於含蓄的明朗，他講求的含蓄，是建立在明朗基礎上的，而不是那種讀了後使人如墜五里霧中的「詩迷」。〈北京的水蜜桃〉用由實化虛的筆法描寫與大陸學者的友情，所表現的亦是這種特點。

在詩的意境上，台客的詩亦善於寓思想於形象之中，注重推陳出新，收到耐人尋味的藝術效果。〈泥土〉一詩，與大陸詩人魯藜寫的同題同名。台客也寫了泥土默默的在做無私的奉獻：「你養活我們／也撫慰我們」，同時也給了人最終要化爲塵埃，和泥土擁抱的一面。這與魯藜的同題詩著眼點不同，這正是作者深入開掘題材，注意寓意於境的結果。此詩的筆法有如泥土一樣的質樸，個別句子雖嫌直露了些，但在總體上，意境的鑄造卻非常成功。

明朗的詩，不一定是內容健康的詩，但內容健康的詩，卻常常要借助於明朗的表現方式，以收到更廣泛的社會效果。台客的詩，既是明朗的，同時又是內容健康的，引人向上的。如〈讓我飛上天去〉，鄙視不知鴻鵠之志的麻雀，欽羨展翅高飛的雄鷹，所宣揚的是一種「和風雨拚博／向命運挑戰」的鬥爭精神，在物慾橫流的商業社會中，顯得特別有現實意義。

台客健康明朗的詩風，還表現在他描寫祖國大好河山的詩篇中。〈黃果樹大瀑布〉，用豪放的筆觸贊美瀑布的壯觀，從聽覺、觸角等多方面抒寫這是「大自然最壯麗的一頁」。像這種波濤浩瀚、崖岸崢嶸的山水詩，讀者從中看到的不僅是祖國山河的壯麗，還能體會到「作奮身不顧的一躍」的獻身精神，獲取強烈的鼓舞和感召，何淺陋之有？

台客詩的中國特色和中國氣派，主要是通過濃烈的鄉土色彩體現出來的。〈沖天炮〉，寫的是台灣也是大陸共有的過春節的風格。詩雖短，但構思精巧，語言詼諧，很耐人思索，由喊痛的炮竹使讀者聯想到性情急躁、「屁股著火」的人。〈春雨〉等詩寫的是鄉土情景，表現了作者對本土熾熱的愛。〈街頭的布袋戲〉，所寫的也是一幅出色的風俗畫。台語的適當運用，增加了生活情趣。作者怕大陸讀者讀不懂，特加上小小的註解，這與那些純用台語寫作，立志叫外地人讀不懂的詩人，有所不同。台灣詩畢竟是中國詩的一部份。如果像某些人那樣極端地排斥中文而純用自編自造的「台語」寫作，那中國性就將喪失殆盡。台客顯然是不贊成那樣做的。我敬佩他的也正是這一點。

總之，我們讀台客的詩沒有語言障礙，沒有思想隔閡，很容易與他在心靈上溝通。但要領悟台客所實踐的「明朗、健康、中國」的創作路線並由這一路線創作出眞正具有民族風格的現代化新詩，則不可一蹴而就，而必須終極一生。

古遠清與台客合影於香港藍海文家中（1995 年）

我讀台客的《鄉下風光》

——兼談他的鄉土文學「詩想」

薛　林

不少人高喊本土化，鄉土文學。然而，無論是散文、小說、新詩，只是將一些閩南客語注入字裡行間，本土文化、鄉土文學的「質」並不濃郁。我讀過青年詩人台客的《故鄉之歌》現代詩集；今又讀他的《鄉下風光》童詩集，在這兩本詩集裡確有不少作品有沁心的「泥巴味」與「草根香」的氣息。

在《故鄉之歌》這本詩集裡以「故鄉之歌」爲輯名的這輯裡就有：〈陽光〉、〈春雨〉、〈池塘〉、〈遠山〉、〈泥土〉、〈雨後〉、〈草〉、〈群樹〉、〈小河〉等諸首小詩，都是以「泥土」爲「床」的鄉思孕育成形貌。這些形貌：有生命的哲理；有自然的規律；把鄉土與自然溶融合一，塑成一首首有「泥巴味，草根香」的可愛小詩。在這些詩群中我特別鍾愛〈泥土〉這一首。

泥土

萬物之母的泥土呀
您恆靜默
任人挖掘、蹂躪
只要對您有一絲絲善意
您恆報答以果實

沒有泥土，寸草不生，還談什麼耕種收穫？飛禽走獸人畜沒有糧食，怎能養活？蟲豸怎能生存？萬事萬物怎能生生不息？所以，「泥土」是萬物的「母親」。

您養活我們
也撫慰我們
當有一日倒下
我們都將躺入
您的懷裡
默默安息

生，賴以養活，倒下時，復融入泥土，是一種最親密的默契。

讀完《故鄉之歌》，再來讀《鄉下風光》，試在各輯之中尋覓鄉土文學的氣息。

火雞

穿一身灰衣裳的鄉下老太婆
走起路來，全身顫抖
東村逛逛，西村走走
碰到什麼人就「咕嚕咕嚕……」
——寒暄一陣

「老太婆，羞羞羞
愛賣俏，長紅瘤……」

那些小搗蛋的麻雀最喜歡戲弄牠
惹得牠又在樹底下「咕嚕咕嚕……」
——破口大罵

——輯㈠「鄉下風光」9頁

XV WORLD CONGRESS OF POETS
第十五屆世界詩人大會

台客、薛林、汪洋萍合影（1994 年）

把火雞人格化，咕嚕咕嚕的火雞變裝成嘮叨的鄉下老太婆，十分有趣。也把火雞的形貌動作錄製成影帶。只要您肯打開靈視的窗口，畫面就在你的心幔躍動，一幅人像，一幅火雞的畫境。合起來，又是一幅幅老太婆與火雞一起「漫步聊天」的景象。雖各有其形態語言，卻也能以肢體聲音相溝通，達到人畜和樂的意境。

牛

這龐然大物
最喜歡反芻

忙累了整個上午，躺在竹林蔭下
有些青草吃牠就很滿足……

想著：明年小牛就週歲了
也該教牠怎麼拖犁耕田

——輯(一)「鄉下風光」15頁

「牛」一詩，是牛的作息圖像詩，也涵蘊了「親子」教育意義。牛都關心小牛的教養問題，更何況我們人呢！又怎能棄親情而不顧啊！在視覺上，詩中沒有小牛的圖像；在靈視裡，牛媽媽傍邊依偎著一頭可愛的小牛，因爲幼牛也像人一樣，總是跟在父母身邊的。詩藝中——這就叫做「隱」，隱藏在「明年小牛就週歲了，也該教牠怎麼拖犁耕田」的詩句中。

老榕樹

榕樹公公您幾歲了？
您一定很老很老，
不然怎麼長那麼高，
鬍鬚又垂得那麼長。
……（略）
您是好脾氣的公公，
我們最愛躺在您綠衣裳底下，
睡一個舒舒服服的午覺。
爸爸也說不出您的歲數有好多，

他説他小時候也在那邊乘涼過。

——輯㈡「兒歌一束」47頁

樹，是大自然的主角，在生活文化中佔有重要地位，千百年老樹被「封」爲「神」受人膜拜。詩中的「榕樹公公」就是這類「神樹」。的確，人與鳥獸禽畜都受到它的恩澤——遮風避雨乘涼，最重要的還依靠它的「犧牲奉獻」，取材建屋營窩築巢，留下悠遠的文化……。

您和雨叔叔一定是好朋友，
雨叔叔每次來總幫您，
把髒了的衣裳洗刷得乾乾淨淨。

在這三行詩中也表達了自然生態互補的依存關係，沒有樹林，便不能造大量雨水，沒有雨水，樹的「衣裳」累積了灰沙髒了，誰去爲它洗刷，萬物也都會飢渴而死。「詩即謎」，我是這樣猜的。

樹葉

樹葉是小蟲兒的棉被。
樹葉是小鳥兒造窩的材料。
樹葉是小螞蟻的渡船。

冬天裡樹葉紛紛飄下，
在北風中玩著盪秋千，
呼呼呼，樹枝卻冷得直發抖。

——輯㈢「童趣集」64頁

「樹葉」這首小詩，我一方面把它當自然景象來欣賞——小動物、小昆蟲們部份生活素描。我從它們這種依存關係走向另一意境：那便是佛家說的「善」、儒家說的「仁」、耶穌說的「愛」。「冬天裡樹葉紛紛飄下」。蟲豸們就在厚厚的落葉堆集成的「棉被」裡渡過寒冬。「呼呼呼，樹枝卻冷得直發抖。」「善」與「仁」與「愛」都是犧牲自我而度人。

蚯蚓

蚯蚓的身體像一截短繩子，
走起路來，忽長忽短，
像一條伸縮自如的橡皮糖。
牠們是一群勤奮的傢伙，
幫農夫翻鬆泥土，
讓大白菜在菜圃上，

快快樂樂的成長。

——輯㈣「童心集」83頁

萬事萬物，息息相關：蚯蚓無泥土，一刻也不能存活，因爲有牠們的存活，爲泥土帶來生命；而受益者，還是人，蔬果是人類不可短缺的食物，所以我們要愛惜弱小生命，尊重任何生命的生存權——造物者的旨意。

童年裡，嬉遊，是件大事，嬉遊有自娛與同樂。有同伴大家一起玩，是最好，沒有玩伴，自己一個人玩也可以，玩的道具是：玩具或身邊隨手可取拿的東西。〈演布袋戲的男孩〉表達了些什麼？表達了兒童的心靈世界千變萬化的一瞬或一個小點，記錄了一個鄉下孩子的夢幻世界，也爲鄉土文學提煉到一首鄉土的詩。

當然，鄉土文學還有：人文、地理、宗教、風俗習慣。而「泥土味，草根香」更是鄉土文學重要的環節。詩人的思想是遼闊的，「詩想」是無邊無際的，必須由個人至家庭到社會國家，關注宇宙萬事萬物。在台客這兩本詩集裡也不難找到這類作品。

讀完台客《故鄉之歌》和《鄉下風光》詩集後，他的鄉土文學「詩想」，我品味感覺到的：不是一杯烈酒；是飄散在微風裡的花香味，也像蒲公英的花絨球兒碰觸著肌膚的那種若即若離的溫馨之美！

山川鍾奇異，慧眼識「良璆」

——喜讀台客的賞石詩

周達斌

天地之間，無所不有。花鳥蟲魚，各以自己的形態、顏色、聲音，顯示它們的存在，使人賞心悅目，自不待言。一塊塊的石頭，經過適當的修飾，成爲一件件藝術珍品，供人觀賞，則非常人所能想見。這是蘊藏豐厚的大自然，對人們的又一恩賜。

由來已久，「自古以來，我國文人雅士喜好賞石者，多不勝數……。」（《石與詩的對話》詩集後記）遠的且不說，就以唐代而言，柳宗元被貶永州司馬，經常徜徉於山水之間，排憂解悶。他對石頭特別喜愛，在他的筆下，那些石頭一個個奇形怪狀，「其石之突怒偃蹇，負土而出，爭爲奇狀者，殆不可數。其嶔然相累而下者，若牛馬之飲於溪；其沖然角列而上者，若熊羆之登於山。」（〈鈷鉧潭西小丘記〉）北宋大文豪蘇軾，爲了弄清石鐘山命名的緣由，月夜泛舟至絕壁下，親自考察一番。原來彭蠡之口，「有大石常中流，可坐百人，空中而多竅，與風水相吞吐，有窾坎鏜鞳之聲，與向之噌吰者相應，爲樂作焉。」（〈石鐘山記〉）字裡行間，流露出對「石鐘」的喜愛。宋代的大畫家米芾，愛石成癖，凡見了奇形怪狀的石頭，立即下拜，人稱「米癲拜石」。非僅此也。現代人中，愛石者，也所在多有，且不說大畫家如徐悲鴻、齊白石、傅抱石、李可染、錢松嵒諸名家，都有玩石的愛好，即使一般人，在緊張工作之餘，玩玩石頭，作爲消遣的，也大有人在。否則，那些出售石頭的商店，豈不是無人問津，一家家都得關門？從玩石賞石，到吟唱石頭，古往今來，一首首詠石詩，不絕如縷地產生。可是並沒有人將這些賞石詩收集起來，編成一本詩集。台客的《石與詩的對話》作爲中國第一部賞石新詩集的出版，就塡補了這個空白，是頗有意義的事，綜觀台客的六十幾首賞石詩，我感覺到有以下幾個特點：

一、描行繪態，維妙維肖

自然界的石頭，有的很一般，有的則形象生動，富於觀賞價值。靜者，如石鐘、桌狀、雨傘、蜂巢……。動者則像駱駝、雙獅、鸚鵡、山豬……，正是無奇不有，各顯風姿。而詩人對這些奇石的描繪，則是形神兼備，維妙維肖，頗有藝術魅力。例如下面的詩句：「永遠把髻兒梳得如此高聳／永遠以堅定的表情面向前方／高貴的女王呀，無時無刻／妳凝視著妳的王國———」（〈女王頭〉）這是詩人對「赫然出現在野柳海岸的空闊」處的，狀爲「絕美的女王人頭」的巨石的描繪。本來，說那塊屹立海邊的巨石是「女王頭」，已經夠形象的了，但那只是外表上的形狀。詩人的描繪，則賦予它以精神氣質，於是一位堅定的愛國者（女王）

的頭像，就出現在我們的面前。再如對〈駱駝岩〉的描寫：「有一個高高昂起的頭／有兩個凸起的駝背／你是駱駝，沒有錯」（〈駱駝岩〉）如果不看詩，單看那石照，人們也許看不出那塊岩石像駱駝。但經過詩人描繪之後，回過頭來看，再看那石照，則越看越像駱駝。這是因爲詩人善於抓住駱駝的兩個突出之點（高昂的頭和凸起的駝背）來描寫的緣故。台客的其他賞石詩，都重視對岩石造型美的描繪。

二、物我結合，意蘊豐富

這裡說的「物」，是指審美客體，即那些各具風姿的石照。「我」，是指審美主體，即詩人自己。如果把詠物詩作爲一個大類，則賞石詩就是其中的一個小類，即專門對「石」這種物的吟詠了。中國古代的詠物詩，向來就有「詠物而不滯於物」，物我結合的特點。一首好的詠物詩，不僅要善於繪形，而且要在所詠物中體現「我」的情志包含豐富的意蘊，引人聯想，發人遐思。台客的賞石詩，正有這樣的特點。他對諸多岩石，不是止於自然主義的描摹，而是展開想像的翅膀，超越時空飛騰，把讀者帶入神奇美妙的境界，使你得到一種藝術的享受。例如對石鐘岩的描寫，除了突出「海風徐來，彷彿／我聽到悠揚的鐘聲／不斷清脆的響起／叮叮咚咚，叮叮咚咚」的特點外，還要「探究它的來源」，即借助民間傳說，想像爲「一場世紀婚禮／海神下嫁惟一的女兒／但婚禮早已結束／石鐘的樂器卻未及收回」這樣來描寫石鐘器，避免了單純詠物，自然饒有興味。

如果說〈石鐘〉是借助民間傳說，展開豐富的想像，那麼，〈被罰站的山豬〉，就是詩人自己富於浪漫情調的幻想了。這首詩先依據石照上提供的形象，對山豬描寫道：「前腿伸直／後腿半蹲／把頭兒高高仰起／這是一隻／被罰站的山豬」接著就這隻山豬的來歷，展開想像。原來是山豬「偷吃了主人種植的／蕃薯，並踏壞了／一整排園子的籬笆」，「主人十分震怒」，把山豬抓來強迫牠站在一塊木板上反省。由於主人忘記讓牠從木板上下來，山豬站的時間太久了，於是「全身都僵成石頭」。

有的詩，情調幽默，亦莊亦諧。例如〈蛙鳴對唱〉這首詩，根據現實生活中蛙鳴求偶，用擬人手法，把一對對唱的青蛙，描寫成一對「熱戀」著的青年男女。「呱呱，呱呱！」「你是最體貼的男士」既然是一對熱戀著的一對青年男女，當然要「上禮堂」去「結婚」，而結婚之後，自然要生孩子。結尾「好呀，我會爲你生一籮筐兒子」語言幽默，又符合青蛙「多產子」的特點。

有的詩，思想深刻，引人聯想。〈拉車的牛〉，不僅形象描寫生動，而且通過對牛的描寫，寄托著詩人對那些以出賣苦力爲生的小人物的同情。詩人寫道：「這是一條陡坡／車上貨物又如此笨重／但既已套上苦軛／身爲一條牛／惟有奮力向前」這難道只是寫牛嗎？在現實生活中，與牛有著同樣命運的小人物，又何嘗不是如此！耐人尋味的是結尾幾句：「感謝您，主人／在身後，悄悄／推了我一把」這個「主人」即使不算慈善家，也是一個善良人吧！但願現實生活中多一些這樣的「主人」。

三、詩畫搭配，相得益彰

這兒說的「畫」，是指那些千姿百態的石照。詩畫搭配，詩情畫意，相得益彰。這頗有些類似中國古代的題畫詩。由此可見台客的新詩，的確深受中國傳統文化的影響，顯示出堅持「明朗、健康、中國」的詩歌路線的特色。試想，如果撇開畫，光看賞石詩，效果就要差一些。因爲雖說詩是有聲的畫，重視形象性，但畢竟要靠讀者把各種知覺在頭腦中加以綜合，實行再創造，形象是間接的，不像石照提供的形象這麼直接。這是配上石照的好處（畫助詩）。但是，有的石照，形象並不明顯，缺乏鑒賞力的人，就看不出其中的奧妙。如果在石照旁配上一首詩，就能收到畫龍點睛之效。例如〈雙獅石〉石照，乍一看，「雙獅」的形象並不明顯，是〈雙獅石〉這首詩，把石照上「雙獅」的形象加以點破：「雄赳赳，氣昂昂／牠們的體態——／把頭兒高高昂起／尾巴緊緊往上翹」讀著這首詩，再來看石照，就茅塞頓開，領悟到雙獅造型之美了。這是詩助畫。畫助詩的例子，是〈航向千蒼嶼〉。這裡，詩畫結合，相得益彰的效果，體現得最爲明顯。〈航向千蒼嶼〉，是一首回歸大自然的絕妙好詩。你看，「划著一艘小船／在茫茫大海中／任波浪搖曳，且拋棄／一切塵世的俗慮」那是多麼快意的事啊！何以千蒼嶼是「一個令人眷戀的島嶼／那兒有林木森林／碧草連天／也有海鳥成群翱翔及棲息」到了千蒼嶼後，徜徉其間，「聽怒濤拍擊著岩岸／且持一支釣竿，釣起／海天一色的景致」多麼令人神往的境地！詩本來已經寫得夠美的了，再看那些意境遼闊幽雅的畫面，更有助於對詩情的領悟。畫面上看得很清楚：在並不遙遠的海天一角，有一座千蒼嶼，看上去它的整體形象雖然比較模糊，但正是這種朦朧，給讀者提供了豐富的想像（結合詩的描寫）。繼續看畫面，有人駕著一葉孤舟，在波浪中搖曳，正越來越近地駛向千蒼嶼。而在怒濤拍擊的岩岸，有一位披蓑戴笠的漁人，正在持竿垂釣。千蒼嶼的四周，是海天空闊的迷茫景色。畫面展示的情景，與詩的描寫和諧一致。正是詩中有畫，畫中有詩。

在這本詩集的後面，還附有詩人賞石的十四篇散文。讀著這些散文，我們深深爲台客的愛石之情所感動。可不是嗎？當他在河床上發現一塊怪石，就克服困難，發偌大力氣把它搬回家；他在工作之餘，自闢「石頭花園」，把各種怪石搬到花園內，旁邊種植花草，休閒觀賞；他到大陸旅行，一路上到處賞石購石。他對石頭已經結下了不解之緣啊！也許人們要說，一塊塊的石頭，沉甸甸、冷冰冰、髒兮兮的，有何觀賞價值？殊不知那些愛石如命的人，卻認爲石頭是「天之根，地之骨」，不僅有其藝術價值，而且長期觀賞石頭，在精神氣質上也是一種提升。「小小石頭中，可見大千世界，賞石玩石時，雜念全消，寂然凝慮，猶如老僧入定，使人返璞歸眞，這不僅能陶冶人的性情，還可拓寬人的思路，提高人的審美水平，如再配詩作畫著文，則可發展成一種石文化，這豈不是弘揚中華民族之傳統文化耶？」（海笑〈再談愛石〉），郭沫若題沈鈞儒的〈與石居〉云：「磐磐大石固可讚，一拳之小亦可觀，與石居者與善遊，其性既剛且能柔，柔能爲民役，剛能反寇仇，先生之風，超絕時空。」能說觀賞石頭是玩物喪志麼？

本人對觀賞石頭，完全外行，讀了台客的賞石詩集後，卻被潛移默化，受益良多，也想在休閒時間外出覓石，揀回家修飾觀賞一番。但願台客的這本賞石詩集，能夠影響更多的讀者，給更多的人帶來生活樂趣和精神上的提升。

一九九七年三月於襄陽古隆中

周達斌教授攝於海南島

雅俗共賞

·《石與詩的對話》評介

洪淑苓

《石與詩的對話》是台客先生的第五部詩集，收錄六十六首詩及十四篇短文，皆與石頭有關。

一、專題寫作的啓思

台客，本名廖振卿，一九五一年生，台北縣人，現爲葡萄園詩刊主編。這本《石》集，因爲以玩石、賞石爲著眼點，故相當有整體感，也是少見具有專題設計、主題寫作的新詩集。以往羅青《吃西瓜的方法》、向陽《十行集》等，大多著重於形式上的設計與實驗，在題材上並不限定範圍；而張健《百人圖》、林錫嘉《竹頭集》則分別以人物、竹子作系列的創作，《石》集即是屬於這類的寫作方式。

其實，類似這種專題寫作，在現今出版界可說蔚爲風潮。有些作家甚至說，他是以一本書的構想來寫作的；報紙副刊、各類雜誌也競相以專題編輯來凸顯其刊物的特色。換言之，這似乎宣告：傳統的隨興而發、結集出版的寫作方式已受到挑戰，在生活步調匆忙的今日社會，主題、專題、話題、議題，都是用以辨明某些身份、品牌，這個現象在散文、雜文界尤其明顯。因此，台客這本《石》集也就有了另一種意義，它促使詩人作家思索另一種寫作的方式，可能更可以吸引讀者，進而喜愛之。

二、石與中國人文

然而專題寫作並非易事，取材與設計，仍應避免流俗，特別是詩。這一點，《石》集就很能符合雅俗共賞的目的。在中國人文精神中，玩石、賞石本就屬於風雅之事，奇石盆栽、鬼斧神工、渾然天成，都是石帶給人們的欣喜與讚歎，愛石成癡者，亦不乏其人。通俗文學裡，更有那自石中迸生的孫悟空，以及女媧煉石補天，又衍生出來的紅樓夢故事；頑石與美玉，同樣讓人們津津樂道，愛不釋手。在這樣的民族文化、人文基礎下，《石》集確實具有吸引讀者的條件。

此外，值得注意的是，台客身體力行的寫作精神。從附錄的短文中，可處處看到他因爲愛石而不惜跋涉溪澗，甚至「愚公移山」，把圳溝底的怪石費力地扛回庭園。這種人棄我取、慧眼獨具的作爲，實非附庸風雅而已。如果說每一首詩，都應是作者智慧與心血的結晶，《石》集的大多數作品，也都不只是案頭清供，更包含了這種可貴的精神。

三、《石》集的創作藝術

《石》集的作品，大體語言流暢明朗，時見巧思，呈現禪意與趣味。在形式技巧的運用上，〈小雨滴下著〉、〈白色絲絹〉、〈天地間一條拉鍊〉等作品，均能利用字詞的反覆、排列來變化文意，相當可喜可讀。在題旨的呈現上，〈睡佛〉與〈賞石〉有禪的自在會心，〈梅園〉有對生命生死的感歎，〈沉思，一隻奇怪的山羊〉有對時間的思考，〈魚的對話〉與〈被罰站的山豬〉則頗見童趣。被多位詩人欣賞的〈石鐘〉，以及〈女王頭〉也都具有明麗優美的風格。

不過，在細部的寫作技巧上，《石》集仍有些許可議處。例如語言的問題，在明朗之外，仍應講究精確，方能達到上乘的境界。〈石鐘〉云：「海神下嫁惟一的女兒」，「下嫁」一詞，與一般用法不合；又末句「石鐘的樂器卻未及收回」，是非常巧妙、有餘韻的句子，如果省略「的樂器」，文意無損，但句子更精煉。

從文類的角度看，《石》集亦可視爲詠石之作。詠物詩雖未必要有所寄託、文以載道，但主題與被詠之物的「離合」，卻必須保持適當距離，才能達到點題與抒發之效果。這一點，〈尼克森人頭〉、〈鶯歌石〉都有著相當不錯的詮釋與發揮；似此，對現實的諷喻，以及表達自我的思考觀點，應是台客可以再進一步深耕的空間——在下一部詩集中。

詩的情懷，血的見證

——台客《見震九二一》讀後

謝輝煌

「九二一大地震」後四個月，收到詩人台客寄贈的新著——《見震九二一》，深覺「九二一大地震」比「白河地震」和「八七水災」更幸運。因爲，它不僅擁有全世界的愛心關懷，更有如林的史筆、詩筆和鏡頭替它作「血的見證」。這無疑是交通、資訊發達，和國家繁榮進步的結果，以及助人人助的福報。

這次地震，國人幾無人能置身事外。例如詩人台客，住家離災區很遠，卻有親友在災區，等於是個「災胞」。而類似他這種情形的「災胞」，何止十萬百萬？惟台客內在的使命感較大，靈敏度也較高，且能寫、能攝、能駕車，集機緣巧合於一身，故能在一個月之內，三番兩次，深入災區作忠實而深廣的採擷，目的只是「爲了保存一份見證，希望九二一大地震後一個月內所發生的人、事、物，不因時光的流逝，而從我們的記憶裡消褪。甚至幾年幾十年之後，我們的下一代閱讀到這本詩集，也能從中感受到當年九二一大地震對台灣造成的危害與震撼，因而有所警惕。」「見〈難忘九二一（代自序）〉」偉哉，史家不過如此。

這本詩集，共收了詩人在大地震後一個月內，爲震災所寫的五十首新詩，十篇報導性的散文，及四十三幅災變現場的照片，所有內容雖非全部災變過程的重現，但卻是取精用宏的「災難現形記」的縮影。詩人內心中各種火熱的情緒，全在詩、文中表露無遺。尤其在詩的部份，「只一開卷，閱其題次，一種憂國憂民，忽悲忽喜之情……宛然在目。」（鄭板橋〈范縣署中寄舍弟墨第五書〉）如：〈奇蹟〉、〈來自世界的溫暖〉、〈活著眞好〉、〈地震寶寶〉、〈缺損的左腳掌〉、〈藏在花瓶裡的遺書〉、〈月老問天〉、〈等待的棺木〉、〈黯淡的雙十〉、〈破碎的蓮花〉、〈火場孤雛的心願〉、〈沙拉油筒的秘密〉、〈螞蝗〉、〈檳榔樹與土石流〉、〈同胞，你的名字我們記得〉、〈致慈濟〉、〈卑微的願望〉……等等，不勝其書，眞是，「其題如此，其詩有不痛心入骨者乎？」（同前）

人在最痛苦的時候，便叫天叫地，或怨天恨地。詩人面對這個災變，更呼天搶地，如：

造物主何其不仁
老天啊何其不公

——〈街頭千層派〉

祂要問問蒼天
黎民到底犯了什麼過錯

——〈月老問天〉

一個年僅六歲的女童
老天哪，你何其不公
——〈缺損的左腳掌〉

「老天啊，您究竟
要折磨我們到幾時？」
——〈丹恩又來〉

叫天天不應
叫地地不靈
——〈藏在花瓶裡的遺書〉

地震之後，在救災的過程中，不乏可歌可泣的感人故事，但人性的罪惡面也不時暴露。下面的詩句，正是詩人的棒喝：

而如今他們哄抬物價
四處打劫濟賑物資
唉！這些螞蝗
——〈螞蝗〉

只有對岸的老大哥

猶在堅持意識型態
口惠而心不惠
趁火打劫

——〈來自世界的溫暖〉

沙拉油筒裡
藏著一個
天大的秘密（按　以空油筒當建材）

——〈沙拉油筒的秘密〉

檳榔樹是我們的最愛
土石流是我們的最恨

——〈檳榔樹與土石流〉

預兆，預兆
吉凶未來先有兆
人類始終後知後覺
卻又好自誇萬能

——〈預兆〉

筆者無意在此要凸顯什麼，蓋詩人所寫，無一不是事實，目的當然是希望能共同記取教訓，多效古人雪中送炭，不落井下石，不做吸血的螞蝗，不賺黑心錢，積極從事地震預兆資料的蒐集、整理與追蹤驗證，俾將來對地震也能提供準確的預報，逢凶化吉，也就有代價了。

這個詩集最大的特色，是在每首詩後都有幾行「後記」，把詩的背景交代得清楚明白，使日後讀者不再有「詩無達詁」的煩惱，有些詩，更有採訪實錄和照片作補充說明，如〈沙拉油筒的秘密〉、〈檳榔樹與土石流〉、〈遙望九九峰〉、〈月老問天〉、〈巨人也倒了〉等是。圖、文、詩相互參證，相信在百年之後，當猶能使人有歷歷在目之感。

地震已過，纍纍傷痕猶新，死者已矣，生者哀哀如昨，但活著的人，總還得活向明天。所以，在節哀順變之餘，也需要一點反思來冷卻一下我們的哀情。故特拈出集中〈檳榔樹與土石流〉及〈感謝老天？〉兩詩來觀照。

「檳榔樹與土石流」這個題目，同時出現在詩和文中，可見詩人對此事的關注程度，另，詩人在〈檳〉詩裡復有兩組重複的詩句，即「檳榔樹是我們的最愛／土石流是我們的最恨」，又點出了詩人對檳榔樹的愛恨情仇。

詩人在這首詩中，只是扮演著代言人的角色，愛的，當然不是檳榔樹和檳榔花的形、色、香等美感，更非「高高的樹上結檳榔，誰先爬上誰先嚐……少年郎，採檳榔，姐姐提籃抬頭望……」的歌聲中的浪漫情，而是在地人「為了生計……義無反顧的四處種植」（見該文）

的那些「搖錢樹」，而在地人恨的，當然是因爲淺根特性，不利水土保持的檳榔樹所造成的土石流。所以，詩人在詩的「後記」中，就大聲提出了「究竟賺錢重要，還是身家性命財產重要」的課題。並在文中希望「政府有關單位拿出辦法，限制中、南部山區居民的濫墾濫植現象。」

不過，造成「滿山檳榔樹」的主要原因，是因城鄉生活差距太大，而山區居民只能靠山吃山，另外，檳榔樹是「高經濟價值」作物（有時每粒十元以上），而且銷路暢旺。由於利基厚實，不少有錢有勢的人，大量收藏或承租山坡地，然後包給原地主或他人代爲墾植，大約三年之後，便可結檳榔。此時又包給盤商，由盤商去採收、銷售。所以，在這個檳榔的產銷流程圖上，山坡地的釋出，是其癥結所在。另據內行人透露，近年來，國外的檳榔，大量「入侵」，本土的檳榔園已有改作鳳梨者，這又是另一種隱憂了。總之，利之所在，政府左右爲難。惟有民間有避凶趨吉的覺醒，由政府作合情合理的輔導，也許能改善此一現象。

〈感謝老天？〉一詩，可與〈遙望九九峰〉並讀，蓋世間事，常是禍福相生，誠如詩人向明爲本書所撰的〈災難的見證〉一文中所講大陸九寨溝附近的「大海子」觀光景點，就是六十年前的一次大地震震出來的，代價是整個村莊的生命財產。這不跟此詩所寫的「新草嶺潭」相近似？這是近例，事實上，今天很多觀光景點，都是一次次劇烈的地殼變動所造成。所謂滄海桑田，因年代久遠，後人只見美景不見血罷了。再如本書封面所示石岡鄉埤（埤）

豐斷橋上游隆起的河床，如單獨放大來看，像不像大陸的「壺口瀑布」呢？是以，今天在歌讚造化妙工的同時，也應連想到美景後面的血淚。同理，今天的血淚也可成爲後人的福澤。例如，九九峰將來若成爲九十九尊石和尚，將又不知要嘉惠多少後代子孫了。是以，觀光者腳下踩著的歡喜，不少是前人模糊的血肉與淚水啊！

再從另一角度來檢視天人的關係吧！人有豐收的喜悅，但被我們豐收的，也是一條條活潑的生命，如秋刀魚、白茭筍……。其實，我們又何嘗不是老天眼中的水蜜桃？所以，生是歡喜，死是另一種歡喜，大難不死者，是老天還要他多歡喜些日子罷了，或者是漏網之魚。我們就慶幸地想開一點吧！

人定勝天，唐山與阪神在瓦礫站起；人不勝天，無人能抗拒地牛的發怒，但努力使災害降到最低，是可以辦得到的。倘能因禍得福，也就不枉大家痛了這一陣，詩人忙了這一陣了。

二〇〇〇年二月

震撼心靈永不磨滅的見證
——讀台客《見震九二一》

葉繼宗

我一次又一次讀著詩人台客從海峽彼岸寄來的詩文集《見震九二一》，禁不住眼睛發熱，淚水無聲地灑在書上。這不是一本通常的詩文集，它是世紀末百年來台灣最大災難的記錄，山崩地裂、路毀房倒，一個個美好家庭的破碎，人們無家可歸，有家不能歸，骨肉分離，妻子失去了丈夫，幼兒喊著母親，父親喚著兒子……面對這些慘狀使我落淚。我也爲詩人台客的精神和行爲感動，在震後一個月間，他心情無法平復，五度前往災區勘災、憑弔，以詩人的良知，拿起筆來，「將每天發生的喜怒哀樂一一記錄下來」，不到卅天就寫了五十首詩作，差不多每天都有一至二首，特別是九月廿九日一天，竟寫出了五首（〈缺損的左腳掌〉、〈藏在花瓶裡的遺書〉、〈螞蝗〉、〈遙望九九峰〉、〈卑微的願望〉）。這一首首詩是詩人情感和九二一震災的見證，幾年、幾十年、百年後，讓人們不要忘記九二一大地震，正如向明所說：「他在做史官才應做的事。」。讀著《見震九二一》我淚流滿面，呼喚著對岸的台客：「台客，我的好兄弟，你有一顆善良、赤子般的心」。

眞正的詩歌是詩人靈魂的聲音，是詩人人格的結晶，是詩人沉思的果實。是詩人思考的記錄。台客在《見震九二一》更注重默默地承擔人類的苦難和良知，表現出沉痛而眞摯、睿智而深沉。《見震九二一》緊緊扣住一個「見」，留下最鮮明和眞實的見證。翻開《見震九二一》第一首詩是〈震殤〉這是詩人在震後九月廿二日所作，也是震後第一首詩，此詩可作爲詩集的序曲。二千三百多年前的愛國詩人屈原寫下了〈國殤〉祭祀人間爲國捐軀的英魂，悼念爲楚國戰死的英勇將士，抒發自己憂國憂民，熱愛祖國的高尚情感。當今詩人台客，也與先輩詩人一樣，「長嘆息，哀民生之多艱，」記下了「九二一」留下的慘景，祭祀、沉痛悼念死去的同胞。詩中首先出現的意象是「花朵」垂淚，「鳥兒」驚心，詩人用擬人的筆法描繪出震災的嚴重，同時也是移情產物表達詩的含蘊豐富。詩的第二節，概寫災難給人帶來的傷痕：「無數的人一命歸西／更多的人顛沛流離。」面對這百年僅見的大災，人們不能總在怨天、流淚中過日子，一方有難，八方支援，用愛心撫平傷痛，化悲傷爲力量，黑暗將逝去，迎接黎明，詩人高瞻遠矚，在千禧年到來之際，詩人將〈震殤〉進行重寫，面對現實，放眼未來，他看到的是「千禧年的陽光燦爛耀眼／邁開大步／迎向前去。」給全詩一點亮色，從而表現詩人對生活的感受和思考。

一九九九年九月廿一日凌晨一點四十七分，這是一個黑色的日子，令人詛咒、恐怖的時刻，芮氏七・三級大地震，使得台灣兩千四百多人喪生，九千多人受傷，倒塌房屋一萬四千多問，當今的人們，子子孫孫後世的人們，永遠不要忘記〈那一夜，天搖地在動〉，詩人用全景鏡頭，記實了一瞬間地震發生時屋倒、人亡的慘狀，「那一夜，天搖地在動」，面對這汩汩流淌的鮮血和殘肢，詩人再也抑制不住內心的苦痛，向蒼天發出追問：「這世界究竟怎麼了？」這千鈞一問包含了多少深刻的思想感情，是疑惑？是沉痛？是憤怒？〈那一夜，天搖地在動〉是生活眞實記錄，又是詩人感情的昇華，台灣兒女、炎黃子孫，心靈上永遠不要抹去〈那一夜，天搖地在動〉。

台客面向生活，他的詩爲我們保存了關於這個時代眞實的細節與生活。他在詩中表達生活中那些讓人驚訝的事物，而不是遠離它，努力表達這個時代個體對生活的感受。如果說〈那一夜，天搖地在動〉，詩人所用的是全景鏡頭，那麼在〈重量〉中則用特寫鏡頭，再現了東星大樓倒塌，現場挖出的一對罹難夫婦，緊緊相擁著被倒塌樑柱壓倒，「當大難來時／妻啊！讓我們緊緊相擁／讓爲夫把那萬斤的大樑輕輕／挑起，死，我們也不分離」。一對夫婦平時恩恩愛愛，當災難來時生死相依，丈夫要把活的機會留給妻子，給妻子頂住，挑起萬斤大樑，天塌下來有我頂，即使要死，也永不分離。古有「在天願爲比翼鳥，在地願爲連理枝」，梁祝化蝶優美的愛情故事，與這一對罹難夫婦相比都爲之遜色，哪有〈重量〉淒美動人？英國浪漫詩人柯勒律治曾說：「詩必須是訴諸感官的，並且憑意象在一瞬間引發出眞理的。」〈重量〉所表達的不僅是萬斤大樑重量，生命的重量，更是無法衡量的愛情的重量，人格的重量，這正是〈重量〉的含蘊和感人之處。

地震無情，人有情，台灣同胞遭受這世紀末空前的劫難，一方有難八方支援，有錢出錢，有力出力，爲災民獻出一片愛心，以溫情撫慰災民，〈致地鼠〉、〈大旱的雲霓〉、〈來自世界的溫暖〉等都是這類詩。尤使我感動的是〈致慈濟〉，筆者在大陸早就熟悉證嚴法師的名字，大師雖未跨出台灣，全世界都傳揚她的名字，她撫貧救災，在人們最需要時送去關懷和溫暖，給人們一片愛心，面對「九二一大地震」，「悲極無言說。」忙碌在悲傷的救災現場「救人的不走，我們也不走。」多麼眞切的語言，她的愛和善，留給世界一片眞情，證嚴法師所創建的慈濟功德會，是我們要大頌特頌的人。

還有〈火場孤雛的心願〉也是這樣的詩，十一年前的一場火災使得許氏一家五口葬身火海，僅留年僅十二歲的許汝君，她當時得到衆人的愛和溫暖，如今已廿三歲，她將當年各界捐給她一百六十多萬元全部捐給地震災民，「不是回饋／也非報答／只是一點點心意／一個小小的願望」……「把溫情還給溫情／讓溫暖溫暖溫暖。」多麼樸實的語言，是萬金也買不到的人性美。

正直的詩人，他的歌喉不只高歌眞、善、美，他還要以利劍鞭笞假、惡、醜。正當人們協力救災，共度難關的時刻，有一些見利忘義的小人，他們囤積商品、哄抬物價，或專門劫掠救濟物資。詩人把他們比作吸人血「有著一根尖利的嘴／嗜血爲生的／這些是螞蝗。」這些趁火打劫，喪失人性的敗類，受到衆人的咒罵、譴責。

《見震九二一》的相機、筆不只是災難、人物、人性的記實，還表現詩人對現實思考和反省。痛定思痛，作爲一個對社會、對同胞有強烈責任感的詩人，他要對震後進行深省。正如〈有感〉後記作者所說：「希望藉由這次大地震的教訓，能夠讓所有台灣人有所反省，如何和土地共存共榮……」豈只是台灣同胞，全中國人、全世界人都要吸取教訓，面臨廿一世紀，人間最大的災難是生態環境遭到破壞，要人們注意生態環境平衡，保護生態環境，否則大自然要對人們進行懲罰。「大地是活的／請盡量尊重它／不要任意傷害／弄得它奄奄一息。」詩人成功地運用擬人手法，生動貼切，出奇制勝，層層推進，直逼全詩「詩眼」之處，「火山只是小小的警告／大地震則是重重懲罰。」在這裡我們聽到詩人的心聲，善良的人們我是愛你的，你千萬千萬要保護大自然，不再做破壞生態平衡的蠢事。

前事不忘，後事之師，作者爲了不因時光流逝「九二一大地震」從人們記憶中消褪，爲此作者在震後兩個星期，趕至中部災區，在「慈恩塔」下和「集集火車站」旁，各撿回一片碎瓦，一向喜愛收集奇石的台客，他收集這兩枚碎瓦片，不是欣賞，而是「以備將來留念」，〈十年之後〉震後的傷痛撫平，「只有手邊這小小瓦片／像記憶的傷口／每觸撫一次／仍然隱隱作痛。」這首詩我確可感到詩人對「九二一」切膚傷痛之深，以及用心良苦。

《見震九二一》最後一首詩是〈地震寶寶〉，係詩集的壓軸作，如果說〈震殤〉是序曲，那麼〈地震寶寶〉則是尾聲，一曲充滿希望、溫馨的尾聲。藍星禧地震寶寶他歷盡劫難，在公元二〇〇〇年到來之前降臨人間，象徵一個新希望的開始，這也是「千禧年的陽光燦爛耀眼／邁開大步／迎向前去。」的註腳。

台客是海峽兩岸著名的當代詩人，他的人品、藝術造詣極高，我是台客忠實的讀者。我喜歡他的詩將看來極普通的人、事、景、物移入詩中寓以深刻的哲理，我還喜歡他的詩樸實，以口語入詩，看似平淡，卻意味無窮，就如一杯優質酒，不著色，不染雜，沒一絲一縷矯揉造作之態，但卻滿口醇香，回味無窮。《見震九二一》裡就有很多這樣的好詩。

讀罷《見震九二一》，掩卷深思，耳邊響起台客震撼心靈的聲音「九二一這一幕幕，永遠烙印在我的腦海裡，永遠無法忘記。」

二〇〇〇年五月於董永故里

見震台客

張若潔

感謝詩人台客。感謝《見震九二一》。對於台灣大地震，人們需要用報導用照片用散文用影視用繪畫去記錄；人們更需要用一種心靈的格式去記錄。

人們需要修補大地的裂痕，重建傾倒的樓宇，縫合淌血的傷口；人們更需要修補法規的裂痕，重建倫理的大廈，縫合心靈的傷口。

詩人台客，平日照片上不怎麼見笑容，總是掛著任重道遠的憂患。此時他的震撼尤爲劇烈，以至於揮就了五十首詩的一本詩集！足見他憂患後面的：愛心與俠義。

即使是在大災難之後，中秋之夜也如期到來。台客說「連月娘也難以置信／灰濛濛的夜空上／它睜著圓圓大眼／它灑下無言淚滴」。

「兒子捧著父母／丈夫撫著太太／而他們通通無言／一張張繫黑絲帶的相片」，如果你心太軟，勸你不要去想像那樣的場景。

「人類築一個水庫／需花十餘年／而老天只用了／一夕之間」，咱們人定勝天的驕傲，恰如那頂樑柱裡面的「沙拉油筒」。

那石獅，身後沒了廟宇，依然威武，依然腳踩巨石，依然堅守廢墟守垃圾。令我不禁想，那是不是我自己。

台客嘆息那「投遞不出的郵件」，關注那「沒有學子的空空蕩蕩的校園」；他告誡咱們「人類始終後知後覺」，甚至不如花鳥蟲魚；他召集咱們「與死神拔河」……

台客的〈等待的棺木〉，頗有天籟味道：「等待的棺木／一具又一具／陣容如此浩大／綿延好幾公里／／在偏僻的廣場邊／它們耐心的等待／它們的主人呢／啊！猶深深被礫石掩埋／／它們靜靜的等待／它們耐心的等待／夕陽照得它們金光閃閃／暮色逐漸將它們掩蓋」。

平日裡，棺木都是有主的，要麼屬於某個老人，要麼屬於棺木店老板，如今卻排了長隊虛席以待；而將要乘棺木去往天國的乘客們，尚未知道自己的座號，尚未平安抵達，尚在殘垣斷瓦之中！

當全社會的愛心，甚至通過綿延數里的陣容浩大的棺木來表達；而深深長眠於瓦礫下的同胞們，還沉睡在那永遠凝固一夜，那美好夢境裡。而夕陽燦爛，而暮色深沉，而棺木寧靜……

想像台客一腳高一腳低地踉蹌於瓦礫之中，飢餐露宿，淚灑風雨。憑一枝筆，他挖出了多少急待留存急待修補的，心靈的聲音。

我們知道了：詩人，首先是人。

二〇〇〇年四月

台客與張若潔、莫欣津合影於柳州（2000 年）

從彼岸泥土中發出的聲音

——讀台客詩集《繭中語》

古繼堂

我與台灣詩人台客是相識多年的朋友，並有過三次較長時間的接觸。一次是一九九三年，他隨文曉村率領的以台灣《葡萄園詩社》同仁爲主的有台灣《海鷗詩社》、《創世紀詩社》等詩友參加的行程穿越半個中國的詩歌訪問團訪問大陸。我作爲主要接待者之一，有幸陪同他們走了開封、鄭州、武漢，並沿江而上到重慶參加了西南師大舉辦的《93年華文詩歌國際研討會》。此次行程我們在火車上、輪船上；在賓館、飯店；在黃河母親身邊、在洶湧的長江波濤上，有過較爲充分的交流。第二次一九九五年六月，我與妻子訪問台灣，在台北桃園國際機場一著陸，就受到包括台客在內的許多捧著鮮花的台灣朋友在機場門口的熱烈歡迎。台客家住在鶯歌鎮，地處機場與台北市之間，因此我們第一站就到台客家。台客夫人和他全家對我們進行盛情招待。我們在衆多朋友陪同下參觀了台客家門前他精心營造的十分獨特而別致的石頭花園。在這個布滿奇石怪石和水波粼粼、花石相映的石頭花園裡，我聽到了台客詩心的跳動；看到了他詩幼芽的萌發。在此次訪台期間，台客還多次來看望我們。第三次是一九九五年九月，台客參加由文曉村率領的以《葡萄園詩社》同仁爲主，有《海鷗詩社》、《三月詩會》、《秋水詩刊》詩友參加的台灣《九歌行訪問團》訪問大陸。我又是主要接待者之一，與他們相處多日並與他們一起到鄭州參加了一個學術會議。通過與台客三次較長時間的接觸和閱讀他的作品，才敢應邀爲他的大作寫這篇序文。

讀台客的詩感到非常親切，非常踏實，絕不會有那種在華麗詞藻的掩蓋下，在別扭形式的暗渡下販售其私，傳播其毒的事情發生。他始終是以自己的歷史使命感和社會責任感，來觀察事物，判斷事物，藝術地表現事物。他把自己的眞情實感賦於身邊事、眼前景，通過思索和塑造來展示自己的內在和外在世界。在他的詩中，有對古老歷史的反芻和回饋，有對祖國統一大業的期盼和渴望；有對海峽兩岸交流的喜悅和贊頌，有對社會現實的剖析和評判等。這些都是經過台客的大腦思考、過濾並重新塑造過了具有了台客的藝術個性的事物。比如他在〈站在長江的渡輪上〉一詩中寫道：

我是一名來自海峽彼岸的仰慕者
此刻，站在渡輪的甲板上
默默地，默默地凝視著您
那是一種多麼深沉的凝視呀

那是一種多麼深沉的凝視呀
只有黃皮膚的中國人懂得
尤其是台灣海峽的海水
仍然冰冷著的此刻——

站在長江的渡輪上
眺望著這一片煙波浩渺
有一種放聲狂歌的衝動
也有一種跪下來俯泣的憂傷

同樣是對祖國江河的熱愛，我在長江的渡輪上興起的，卻是對祖國這條大動脈興旺景象的激動。而台客此時卻從眼前景象聯想起台灣海峽海水的冰冷，想到自己的家還被分割在冰冷海水的那一邊。於是他一方面是對祖國壯麗河山、繁榮景象激起的放聲狂歌的衝動，另一方面卻是對台灣一部份不屑子孫搞「台獨」分裂祖國的行爲感到沉重的憂慮。一個受了委屈充滿憂慮的孩子來到了母親身邊，很自然地產生了想跪下來一訴心曲，甚至想對著母親哭泣一場的感覺。這就是一個台灣來的赤子熱愛祖國的獨特方式和這種方式中體現的藝術性。

台客有一首詩叫〈讀史偶感〉，寫得非常精煉、非常深刻。他讀史已經讀到了歷史的骨子裡去了。請看這首詩：

戰爭
一只舐血的惡獸
始終盤踞在
我們的
史籍裡

掩卷
始發現
歷史乃是由
億萬顆頭顱
堆疊而成

台客不是在用目光讀歷史，他是在用思想的刀子解剖歷史。從浩繁的史卷中剖出洶湧的血河和壘壘的骨山。古詩云：「一將功成萬骨枯」。那麼，一個朝庭的建立呢，豈不是千里萬里由一個個、一堆堆將士的頭顱和老百姓的屍骨排列和堆積起來的嗎？哪一個帝王將相不是高坐在千百萬人的頭顱堆成的寶座上？這首詩第一節將戰爭比喻爲舐血的惡獸，它始終盤踞在史籍裡。只廿字排列成的五行詩，就概括了千萬年的歷史過程。第二節由十九字排列的五行詩，是掩卷的沉思的發現。原來史書中一個字就是一個頭顱，億萬個字就是億萬個頭顱。這詩增一字則多，減一字則少，精煉到無以復加之境。如此重大的題材，以如此精煉的文字表達，不僅表現了台客駕馭重大題材的能力，而且展示了台客剪裁複雜事物的鋒利筆刀。

台客詩集中寫得最好，最能感動人，數量也最多的，是關於台灣農村題材的詩。如「變動的鄉愁」「故鄉之歌」組詩等。這一類詩中，充分地反映出台客扎實的生活積累，顯示出台客對人生的深刻感悟，表現了台客細膩而又靈動的詩感。請看〈樹的戀曲——給妻〉：

你我是赤地上的兩棵樹
相偎相依，十五個年頭
在我懷裡有你的枝葉
在你懷裡有我的根鬚
我已分辨不出
哪一片葉子是你
哪一條根鬚是我
啊啊！都無所謂了

明天，我們還要繼續擁抱纏繞
擁出更多的枝葉
纏出更多的根鬚
用翠綠的花轎迎接鳥語
用金黃的手杖點醒大地

這詩意象優美貼切，妙趣橫生，句句帶著飽滿的情感從詩人心靈的深處流出。「在我懷裡有你的枝葉」，極易使人聯想到夫妻擁抱時，妻的充滿柔情蜜意的嬌情動作。「在你懷裡有我的根鬚」則又能令人聯想到妻子的生兒育女。詩句含蓄而優美。既符合兩株相依的樹枝葉交叉，根鬚互纏的自然現象，又符合相依相偎夫妻間從愛情到生育的人生過程。外在表象意與內在象徵意之間一脈相承，天作之合。尾段中「明天，我們還要繼續擁抱纏繞／擁出更多的枝葉／纏出更多的根鬚」的詩句，表明夫妻感情的純潔和堅貞、執著和篤實。這詩句比「海枯石爛」、「白頭到老」等句子要新鮮含蓄得多。

台客詩中關於農村的人物素描，也是相當眞實感人的。請看〈阮老母〉一詩：

堅持尿液是最營養的飲料
阮老母
堅持尿要撒在自家的尿桶裡

堅持尿液是最營養的飲料
阮老母
堅持尿液要澆在自家的菜園裡

佝僂著背
阮老母
擔著沉重的飲料
一遍又一遍地走向菜園

我們就是那菜園裡的菜
在她細心澆灌下
不斷地成長

終於不需要再澆灌了
阮老母

台客大學畢業時和父母親合影於成功大學文學院大門口（1974 年）

她的背越來越佝僂

詩中的內涵只有從小生長在農村、與農民的父母朝夕相處、了解入微的人才能寫出。詩中的阮老母，即俺老母的形象非常純樸，非常眞實。僅愛惜尿液一個動作，便有了個性和特色。該詩的高明處還在於它巧妙自然的轉折和升華。即：「我們就是菜園裡的菜／在她細心澆灌下／不斷地成長」，由自然轉向人生，由種菜轉向育人，一下使詩和人都有了使命感和歷史內涵。農民不僅種菜也育人，不僅改造自然也創造歷史，也注意生存延續。這三句詩寫出了農民的眞實境界和地位。這裡詩人筆下的「我們」顯然不僅僅是詩人與阮老母。「我們」的複數內涵是指社會人群，是指所有的飲食男女。詩的最後一節是非常出色的自然落幕。

台客的詩還有對現代文明垃圾的譴責及對奸商對農民掠奪的抗議，像〈農地〉一類的詩就寫得很有分量。請看該詩的首段和末段：

「牛群不來
三月的春風吹醒了
成群的野草
吾鄉那片農地
寂寞的張望著」

「一輛黑頭仔車猛地刹住
兩三個中年人的大肚皮
晃蕩著一整口袋的鈔票
啊啊！吾鄉那片農地
是一張張待價而沽的賣身契」

這種發自農民心靈深處的激憤的抗議之聲，是非常沉重有力的。尤其是「賣身契」，頗有一語驚心的感覺，使人把今天的賣地與往者的賣兒賣女相聯繫，就激發出更強的威力。台灣現代農民題材的詩，吳晟是舉旗人。可以看出台客的某些詩作受了吳晟詩的影響，不過台客與吳晟畢竟相差了一個時代，台客的詩有自己獨特的風格和個性。比如〈阮老母〉一詩，雖然與吳晟〈泥土〉一詩有某種血緣關係，但它在視角上卻更爲開闊。它的種田和育人的雙重立意，也體現了台客的獨自匠心。

一九九五年十二月十日於北京西郊寒舍

古繼堂訪台和台客的合影（1995 年）

以詩作盾，以情感人
——評台客詩集《繭中語》

曾勇

「寫詩，寫我們內心眞正的感動。寫我們對世間萬事萬物眞、善、美的禮讚，或對一切醜陋、罪惡的憎惡與批判。」（台客詩創作觀）循著這一觀點，台客的詩歌展現了其作爲成熟詩人的社會良知和責任感。我們可以窺視詩人的情感衝動以及他對人生眞諦的追求和對現代工業「文明」勇敢說出的那聲「不」！

台客，本名廖振卿，一九五一年生，台灣省台北縣人，國立成功大學外文系畢業，現爲葡萄園詩刊主編及中國詩歌藝術學會理事。在對繆斯的執著追求中，此前曾出版詩集《生命樹》、《故鄉之歌》、《鄉下風光》等三本。《繭中語》由遼寧民族出版社（一九九六年五月）以「金駝文叢」推出，係詩人詩歌創作的集中展示，大多輯錄詩人前三部詩集之精選部份，少部份爲發表過而未結集的詩作。

「詩言志」和「詩緣情」的中國詩歌傳統曾被視爲「正宗」，雖後來劉勰、鍾嶸、王國維等人加以補充、發展，各有其說，但其精髓在今天仍有一定的生命力。這種生命力著名詩評家鄒建軍概括爲：「抒情詩講究情眞、意藏、象美、言凝」（〈世紀末對於詩歌的沉思〉）。我認爲情眞最爲重要，中國新詩發展到今天，雖有名目繁多的主義，甚至「爲藝術而藝術」的唯美或孤傲，但不管怎樣，如果不是眞情直率或朦朧的表露，則很應該爲其是否值得存在而思索。

感受台客的詩歌，震動最大的也莫過於心靈。在詩人筆下，一個赤子所飽含的具有濃厚中國底蘊的親情、友情、愛情、民族情無時無刻不感染每一位讀者。

台客情感的基調來自於他對自身創作的關注。郭沫若先生的〈鳳凰涅槃〉以火一樣的激情，構畫了絢爛與悲壯。讀台客的〈繭中自語〉同樣可以獲得置之死地而後生的感受。詩人爲作詩而在困境中突破，蠶也爲「絲」而「死」，但這個「死」只是一種煉獄的過程。痛苦也罷，悲壯也罷，當其最終化蛾「飛舞於陽光之下／撒下漫天的詩篇」卻也是每個詩人的幸福與愉悅，那種幸福和愉悅，已不再停留於形而上的詩歌生成。

〈一隻神秘鳥〉也具同旨。「通體雪白，鳴聲清越／一隻神秘鳥／棲息在我森林的體內／四野寂寂，月光皎潔／寧靜的不眠夜／它悄悄地飛出／低低盤旋／靜靜地飛繞／復一聲長鳴，直衝雲霄／在空中嘎嘎歌唱」。這隻神秘鳥成爲詩人創作靈感的化身，使詩人創作時靈感的湧動得了到具體化。這隻「嘎嘎歌唱」的神秘鳥，也許永遠只是一個「神秘」，但其「復一聲長鳴，直衝雲霄」的鬥志，不正是詩人在詩歌道路上不斷跋涉的見證麼，雖然前方有時難免荊棘叢生。

台客情感中最濃的是鄉情，也著墨最多。雖然「小白鵝都已長大／樹木已長成森林／當年哞哞叫的小牛／已是好幾個孩子的母親」但「童年那些美好的回憶／猶深深刻印在腦海裡」（〈懷念〉）。《故鄉之歌八首》也是這種深情的集中體現。詩人通過對陽光、春雨、泥土、飛鳥……的詠訴，描繪出一幅幅絢麗的山鄉畫卷：「漫山野花開著／成群野鳥唱著／陽光輕輕，在芒草葉尖舞蹈」（〈陽光〉）：「有波光瀲灩／綠竹掩映的早晨／有天雨乍晴／釣者執竿的午后／也有四野俱寂／翠鳥飛掠覓食的黃昏」（〈池塘〉），無怪乎「漫步在故鄉空闊的原野／我聽到大地爆發的歡呼」（〈春雨〉）。

在民族情感方面，台客一方面「站在長江的渡輪上／眺望著這一片煙波浩渺／有一種放聲狂歌的衝動／也有一種跪下來俯泣的憂傷」（〈站在長江的渡輪上〉），一個赤子對母親的情懷從正面得到了體現；但另一方面，當他的目光透過歷史的滄桑，觸及〈圓明園的石獅子〉時，也爲「如今，新中國的子民／在一片歡樂聲中／一個個手持可口可樂／興高采烈地走近／又神采飛揚的離開／似乎早已忘了它所遭遇的／痛苦與恥辱」，從側面體現了一個眞正詩人的沉重歷史使命感。

詩集中還有不少表現友情和愛情的詩歌，〈女之四題〉雖然每首詩都不長，只有四句，但字字精煉，把女人乳、唇、眼、髮之美勾畫了出來，意藏、象美。「潮濕的／兩片紅玫瑰花瓣／一開一合之間／多少蜂兒爲之迷戀」（〈唇〉）。全詩首先以象徵愛情的「紅玫瑰花瓣」的意象比唇，以此引出「蜂兒」的意象，並「爲之迷戀」，合情合理，同時其「一開一合之間」的魅力又能激發讀者太多的想像，宛如一幅素描，讓人徜徉於藝術的魅力之中。

台客豐富的情感除表現於人、事外，還博及它物，從而產生創作靈感。在與物的交流中，不管是蝸牛還是彩虹，不管是沖天砲還是老榕樹……都體現著詩人深沉的思考，打上了瞬間的銘印，直到永恒。〈和一隻蜥蜴不期而遇〉可以說是這種情感的直接表露「我靜靜地注視著它／它默默地打量著我／來自兩個不同世界的朋友／我們，做了一次目光的握手」。一個缺乏愛心、不能同大自然和睦共處的人，是做不到這一點的，更不用說從中提煉出詩情。同樣，蝸牛在人類眼中一方面是渺小的，另一方面也體現出一種堅韌不屈的精神，正是基於這一點對〈蝸牛〉情感的注入也成爲詩人自身的觀照，「爬行復爬行／多少銳利的石子刺穿腳掌／多少凶猛的野獸虎視眈眈／／我仍然一步一步地／頂著炙熱的太陽／向遙遠的國度進發」。

台客的詩歌總的說來是歌詠美好的，但當他敏感地捕捉到現代工業文明在繁榮假象背後隱藏的無度破壞，尤其是當他目睹曾使他度過美好童年的家鄉的一山一水，一草一木已遭受空前浩劫時，也不得不大手一揮：不！

這種情感體現在詩集中，便形成了《故鄉之歌八首》和《變動的鄉愁十二首》的鮮明對照。《故鄉之歌八首》前面「鄉情」部份已有略敘，故鄉的陽光、青山、小河、翠竹……盡在童年的美好回憶之中。現在看其鄉愁的「變動」。

農地本待農民耕作，如今卻只能「寂寞的張望著」最終迎來的是「一輛黑頭仔車猛地剎住／兩三個中年人的大肚皮／晃蕩著一整口袋的鈔票」而成爲「一張張待價而沽的賣身契」（〈農地〉）。「賣身契」本是舊時代的產物，在這裡成爲一塊塊土地「待沽」命運的形象化身，其震撼力是直指靈魂的，讓人爲之而傷、而痛。「沉默了數千年，吾鄉那座青山」也擺脫不了這種命運，在文明「怪物」的摧殘下「不停地呻吟著／深沉地哀號著」（〈青山〉）。傷痛在繼續蔓延，本有「成群愛悠游的魚小弟」和「愛洗泡泡浴的牛大哥」的小河，如今也「連風兒也不願逗留／悄悄迅速地穿河而過」（〈小河〉）……昨日的「歌」變爲今日之「愁」，僅僅是詩人的「杞人憂天」嗎？這很值得我們每個人都認眞思索，因爲你也許正是製造這種「愁」的參與者之一。

「爲什麼我的眼裡常含淚水？／因爲我對這土地愛得深沉……」（艾青〈我愛過這土地〉）。台客同樣懷著深深的愛意，以詩作盾，其沉重的抗議，反映了他對人類生存環境和終極命運的極大關注。也許註定只是徒勞，也許瞬間就將淹沒於燈紅酒綠之中，但他那一聲聲吶喊卻眞實的照亮了自己前進的足跡。這是一面旗幟，穿越冬的寒冷，必有春的溫暖。《繭中語》已成爲一種見證，我們期待著台客如他詩中所說的那樣「撒下漫天的詩篇」。

密閉的繭中化蛾的飛躍

——評台客詩集《繭中語》

余小剛
陳　勝

台客是當今台灣很有影響力的詩人之一。他的詩作，不僅在台灣，而且在大陸也頗受關注和稱道。幾年前，大陸著名青年詩評家鄒建軍先生曾在他的著名詩歌理論集《現代詩的意象結構，創作篇》中，對台客有獨到的評論。似乎建軍先生的評論，較多地從意象這一切入點，對台客詩歌缺少本文意義的把握，而更傾向一種技術上的論斷。我們認爲，評論一個詩人的作品，脫離詩人內在的人格精神，是難以對一個較有實力的詩人作出價值評判的。基於此，我們以爲，台客的詩歌所體現的詩人苦苦對人生、社會、時代以及生命意義的審視，其詩歌所體現的美學、價值意義，完全超越了詩歌技術而兀立。

詩集《繭中語》是台客繼《生命樹》、《故鄉之歌》及《鄉下風光》之後的第四部詩集，由大陸遼寧民族出版社出版，這部集子中的大部份是台客前三本詩集中富有代表性的作品，應該說，這本詩集集中體現了台客詩集的整體風貌。似乎，台客在詩歌中，比較多地思考著作爲個體生命的藝術空間。「繭中」很容易讓人聯想到「作繭自縛」，作繭與創作，何嘗不是像聞一多五十年前對詩歌創作的闡釋——「帶著腳鐐跳舞」，也正因這條線索，我們倒從詩中發現了「春蠶到死絲方盡，蠟燭成灰淚始乾」的台客面對詩歌、面對客觀世界的那份執著與艱辛。《繭中語》中，那些靈魂緊裹的詩歌自然而然震顫我們的靈魂。因之，我們的閱讀順序顯然不能簡單的抽絲剝繭了，我們似乎應該把握的是那在繭中欲破飛出的蛾。

「自囚於密閉的斗室／耗盡畢生精力／不停地吐絲吐絲吐絲」（〈繭中語〉）。不可否認，台客是眞誠的，幾十年的詩齡是證明。在《繭中語》這本詩集中，這種眞誠也是一貫的。這個時代，是一個需要爲詩歌作出犧牲的年代。一切誘惑使「詩人」這個字眼顯得脆弱和無助。然而台客始終保持著詩人特有的警醒。他要爲詩歌堅持，爲其煉獄。正如詩人所說「詩，繆斯，詩人心目中最崇高、神聖的神」。台客的這種保持與庸俗生活疏離（「自囚於密閉的斗室」），呼喚本性回歸的詩作在《繭中語》這本集子中得到最大的袒露。「甦醒了，一株生命樹／……把根深深扎入大地／把枝椏柔柔探向藍天／……一株甦醒了的生命樹／充實豐盈，神采奕奕／昂然在青空中挺立／任微風輕輕吹拂／聽鳥兒盡情歌唱」（〈生命樹〉）。「甦醒了」的「生命樹」，未嘗不是警醒的詩人，「把根深深扎入大地」，這是詩人的堅定，盡管「微風」吹，「鳥兒」唱，詩人拒絕誘惑。「沒有埋怨／不曾嘆息／讓我的赤足／再次踩過／這肥沃的／大地」（〈牛——致文曉村〉）。「赤足」的清貧也阻擋不了踩遍大地的勇氣，台客刻劃心中的詩人是怎樣的令人起敬！而在〈曾經，那麼一個晚上〉中「曾經，那麼一個晚上／我發覺，我發覺我什麼都不是／我不屬於這世界這人類／我住在沒有人知道，遙遠的星球」。詩人游離的精神已達到入化的境界。德國現代哲學家里斯特·卡西爾曾經說過：「詩歌就是那種人們可以通過它對自己和自己的生活作出裁決的形式之一。」台客通過對自己生活形式作出裁決，使他的詩歌富有獨立的個性和審美價值。

台客不是隔世的。相反的，他關注靈魂的同時，更關注生活、關注生命。「密閉的繭中我死了／靜靜躺下讓烈火焚身／期待著蛻化爲蛾／咬破蠶繭突身而出／飛舞於陽光之下／撒下漫天的詩篇」（〈繭中語〉）。詩人不是在空中樓閣獨善其身，他要「化蛾」，要「飛舞於陽光之下」，並且「撒下漫天的詩篇」，這正是詩歌價值的眞正體現。台客靈魂的純粹已經表現爲他對現實生活的激情渴望和對生命目標的執著。這是詩集《繭中語》更爲顯著的特點。「用眼睛品讀／用心靈傾聽／寂寂的石頭，也會／發出動人的清音」（〈雅石〉）。在台客看來，調節心靈即是調節生命狀態的方式，連普通的石頭也有美妙的感受。我們以爲，敏感的心靈正是詩人具有豐富感動的源泉。台客這樣的感動在「故鄉之歌」組詩中得到唯美的展現，如「啊！一切都是如此美好／漫山野花開著／成群野鳥唱著／陽光輕輕，在芒草葉尖舞蹈」（〈陽光〉）。清新、歡快的意境，掩飾不住詩人對生命的熱愛，這樣跳動著靈動詩感的作品還有〈樹的戀曲——給妻〉「你我是赤地上的兩棵樹／相依相偎，十五個寒暑／在我的懷裡有你的枝葉／在你的懷裡有我的根鬚／我已分辨不出／哪一片葉子是你／哪一條根鬚是我」。詩人用優美貼切的意象詩化了夫妻間的親密情感，讀來給人一種溫馨、賞心悅目之感。而在「沖天炮」中，我們也領略到台客的俏皮，看到詩人觀察事物細致中的獨特視角。

台客是有濃厚鄉土情結的詩人，「變動的鄉愁十二首」亦是他鄉情的眞誠流露，較特別的是詩人的鄉愁在工業社會中產生了一些變化。如「一座座龐然的工廠／崛起，在它受傷的腰部／又以水泥緊緊裹住／受創的傷口／／沉默了數千年／吾鄉那座青山／深沉地哀號著」（〈青山〉），工業化給故鄉青山的損毀，使詩人感到痛心！詩人擬人化的描述，更增強詩歌的感人力量，同時，關注生態的作品〈小河〉也是這樣的力作。社會是發展的，詩人關注的領域也應是發展的，不應總停留在風花雪月上！台客善於發現這一發展中的矛盾並予以關注。這是難能可貴的，這也正是一個當代詩人應具有的社會良知。

正如像台客所說「寫詩，寫我們內心眞正的感動。寫我們對世間萬事萬物眞、善、美的禮讚，或對一切醜陋、罪惡的憎惡與批評」。台客的詩對這樣的「醜陋」毫不迴避。他的詩歌已觸及到社會不同階層的人或事。如「你笑著／深怕那些無所謂無所不謂的觀眾把你忘記／又把他們例行的掌聲／當作了全部」（〈某歌星〉），又如「千搓萬搓搓不盡你悲慘的遭遇／千洗萬洗洗不完你淒婉的事跡」（〈某妓女〉）。詩人以冷靜的目光剖析這類畸形人生價值和扭曲人格的「小姐」，讀來讓人驚覺；而〈阮老母〉、〈阮老爸〉，詩人又以白描手法描述了一對具有高度典型的意義的中國農村父母的形象，讀來又令人嘆惋；而在〈土地〉中，詩人用「賣身契」驚駭地比喻「農地」，給人卻是震撼的沉重！台客詩歌的社會教化意義在這裡也得到最好的注腳。

作爲一個心靈的歌手，台客始終沒有放棄對人生苦難、歷史解悟的思考。可以說，苦難、人生、歷史，終極關懷，這是任何一個眞正詩人都無法迴避的現實。《繭中語》詩集中在這方面也有相當的份量，「戰爭／一隻舐血的惡獸／始終盤據在／我們的／史籍裡／／掩卷／始發現／歷史乃是由／億萬顆顱／堆疊而成」。（〈讀史偶爾〉）台客用再簡短不過的幾十個漢字，即給人以震聾發聵的震撼，精煉在這裡是最好的體現！戰爭是如此的殘酷，而歷史卻更是如此的冷酷，這蘊含了詩人對戰爭多大的控訴和對人類多大的憐憫！台客，不僅是心靈歌手，更是一個思想者！在〈火災〉、〈颱風〉等作品中，也飽含了詩人對人類災難的無盡同情與理性思考。

台客的詩一般短小，但情眞意美。情眞，是詩歌創作的最基本要求，唯美，可以感人，也唯眞，才有藝術價值可言。莊子曰：「眞者，精誠之至也。不精不誠，不能動人。故強哭者，雖悲不哀；強怒者，雖嚴不威；強親者，雖笑不和。眞悲無聲而哀，眞怒未發而感，眞親未笑而和。眞在內者，神動以外，是所以貴重也。」台客的詩意也美，這一般清新、明朗，給人以靈動的美感。應該說，台客的詩無所謂「主義」「前衛」或「傳統」，它總是「內心眞正的感動」，這是直抵詩歌本質的呈示，因此，其詩味濃郁，詩思純正，餘香悠長，更具感染力。當然，台客在《繭中語》中的個別篇章，有些缺少像〈讀史偶爾〉中的那種鈣質等，作爲一個高產詩人，我想也就不必強求細微了。我們有理由相信，台客在心靈與現實疏離的警視與關注現實的冷峻「二律背反」中還會向詩意情感縱深邁進，昇華出更具高度更具價值意義的大氣之作！

相信詩歌，源於相信台客一般「不停地吐絲吐絲吐絲」的眞誠。閱讀《繭中語》，會發覺在生命日復一日的常態難得的亮色和感動，這是心靈之上涅槃飛蛾的光彩！

花蓮赤柯山採金針圖　　（鄭碧芳國畫作品）

論台客詩歌的時空美

常　芳

偶然得到台客的《發現之旅》，細讀之下，被深深地吸引了。台客是一位率眞的詩人，台客也是一位睿智的詩人。惟其率眞，他的詩才容易打動人；惟其睿智，他的詩才能持久地打動人。在這本詩集裡，他以自己的赤誠和智慧，深情地歌唱誠摯質樸的友情，熱情地贊美神奇美麗的自然風物，同時又深沉地思索著歷史的沉浮和民族的興衰。正是因爲他有這樣開闊的視野，所以他的詩雖然一般都短小精緻，但卻往往蘊涵著深遠的時空感，讓人在時間和空間交織而成的詩美的世界中縱橫地馳騁，樂而忘返。

世界上一切事物的存在和發展，都必須經歷一定的時間，也必然占有一定的空間。也就是說，時間和空間是一切事物存在的形式。但是，現實世界中的時空和詩歌的藝術時空又有所區別。詩歌藝術時空是現實時空和詩人主觀審美體驗的統一，是詩人經過主觀審美觀照和藝術處理之後的美的時空。所以，詩歌的時空往往帶給讀者巨大的驚奇感和強烈的審美愉悅。「刀兵遠了／爭戰遠了／只有漫漫黃沙／依舊千年吹襲／／一段傾頹的古長城／黃沙堆中／似乎猶在訴說／當年戰役的慘烈／／而筆直的公路／向天邊無限延伸／似一隻友誼的手／拉緊著雙方的距離」（〈在賀蘭山隘口〉）讀這首詩，讓我想起岳飛的一句詞：「駕長車，踏破賀蘭山缺」。賀蘭山，歷史上長期以來都是民族紛爭之地；賀蘭山隘口，便是一個厚載歷史的紀念碑。作者遊歷至此，他的詩人的心便被這聯繫著往古與現今，他鄉與故土的黃沙和古長城深深地打動了。幾千年的戰爭，幾千年的慘烈，漫漫黃沙在講述，巍巍長城在講述。那是中華民族的傷痛，是炎黃子孫的悲苦。詩人聽到了，看到了，因爲他也是炎黃子孫的一員。幾千年濃縮在這一瞬，時間的跨度非常大，感情的包容度也大。前兩節，短短四句，跨越了幾千年，有非同尋常的表現力。後面一節，則借公路的延伸實現了空間上的跨越，把賀蘭山和遠方用友誼之手相連。如果說前兩節用黃沙和古長城連通古今，那麼後一節則用公路縮短了空間距離，而且使人看到未來的希望。我們看到詩人的激情在遼闊宏大的時空隧道中飛翔，他立足於小小的賀蘭山隘口，卻可以「思接千載，視通萬里」，靠他靈動的思維和豐富的想像、聯想，實現了時空的整合轉換，創造出了奇美的詩境，獲得了不同一般的審美效果。

台客的另一首詩〈點將台〉與〈賀蘭山隘口〉在時空美這一點上有異曲同工之妙：「彷彿有千軍萬馬／土堤下盔甲鮮明／彷彿是岳武穆／土堤上正慷慨陳辭／／而狂風恆數千年吹襲／而國事恆如天上浮雲變幻／點將台，如今只剩得／遊客們匆匆路過的一瞥」。一塊土堤，就能栩栩如生地演練出當年金戈鐵馬、氣吞山河的感人場景。點將台下，是雄赳赳、氣昂昂的戰士；點將台上，是慷慨激昂的將軍。「壯志饑餐胡虜肉，笑談渴飲匈奴血。待從頭，收拾舊山河，朝天闕。」詩人給我們展現的是何等雄渾、何等大氣的民族氣節。當讀者沉浸在這裡「壯懷激烈」的氛圍中激情迸發的時候，詩人筆鋒卻突然一轉，「而狂風恆數千年吹襲／而國事恆如天上浮雲變幻」，兩個「而」字將思緒收了回來，同樣的地點，卻早已物是人非，「點將台，如今只剩得／遊客們匆匆路過的一瞥」。千年時光，回頭再看，只是彈指一揮，當年的紛紛擾擾，如今，只留下漫漫黃沙和頹敝的土堤。一切已歸於平靜，遊客的匆匆一瞥又能看透些什麼呢？或許，只有時間，才是那高高在上、沉靜而肅穆的主宰，只有它，是恆久不變的。

如果說前兩首詩還只是跨越千年，寫的是中華民族歷史的一部份，那麼〈泅過時間的海洋〉一詩的時間跨度更大，詩人展開想像的羽翼，將目光投向遠古的時代，與一隻三葉蟲展開了對話：「泅過時間的海洋／你來了，立於我的岸頭／且張著圓圓大眼，彷彿／對我說著：『哈囉！』／／『哈囉！朋友。』／兩億三億或者更早以前／彷如一大群蝗蟲，你們／遮蔽了整片海洋的天空」。一隻三葉蟲的化石，把兩三億年前的情景帶到眼前，這樣的奇蹟在現實世界中是不可能實現的，然而在詩的世界裡卻發生了，而且是那樣的合情合理。這正是詩人的審美化創造的結果。他可以隨意驅遣筆觸，溯古回今，上天下地，把時空長河中最美的浪花展示給讀者。這種大開大合的筆法帶給詩歌本身特殊的審美效果，使詩歌具有深遠的意境。而後兩節，則在時空轉換的基礎上生發出詩意化的哲理：「是怎樣的一種噩運／突然，你們全部消逝無蹤／絕大部份化爲腐朽／極小部份倖獲保存／／是誰將你挖掘，是誰／讓你從層層岩石中脫困／如今，你欣然地游著／游著，在時間的海洋之中」。因爲看得遠，所以才能看得眞、看得深。井底的青蛙只能看到頭頂的一片天空，而詩人則從一隻三葉蟲身上，看到了命運的無常，造物的神奇和大自然的玄秘。當我們領悟到了這一切，也許，每個人都會像這隻倖存下來的三葉蟲一樣，欣然地游在「時間的海洋」。這首詩也包含著巨大的空間轉移。三葉蟲最初生活在遠古時代的某一個海洋中，而當它成爲化石，層層岩石便成它的家。現在，它「泅過時間的海洋」，也泅過了千山萬水，立於詩人的「岸頭」。通過詩人的神來之筆它已成爲美的精靈和智慧的化身。

詩人藝術化地進行時間的跨越、伸縮和轉換，往往帶給欣賞者一種全新的審美視覺，使欣賞者能夠超越現實，對詩歌所描繪的藝術世界作遠距離的觀照，這樣就會使作品獲得深遠的歷史感和鮮明的時代感，從而徹底擺脫平庸和淺薄，增加了詩歌的厚重感。同樣道理，空間上的跨越、伸縮和轉換也會因爲作者主觀審美化處理的結果，而使詩歌獲得了遼闊的宇宙感，強化和深化了詩歌的情味，使欣賞者在感到驚奇的同時又獲得強烈的美感享受。

請看〈黑龍江的春天——贈李琦〉：「黑龍江的春天／在金秋時節到來／我聽到了百鳥在爭鳴／我看到了滿園正花開／／妳帶來了整條松花江／我聽到了浪花滔滔拍岸的聲音／妳

帶來了整座長白山／我看到了林木森森壯闊的景象／／妳是北地兒女的代表／從妳寫滿春風的臉龐／我讀到了黑龍江的奔放／也聽到了呼蘭河的呢喃」。這首詩要用現實的或物理的眼光來看，處處都顯得不可思議。此詩寫於九月的北京，作者卻說「黑龍江的春天／在金秋時節到來」，一個「春天」，一個「金秋」，形成鮮明的對比，在詩歌裡卻達到高度的和諧，以至詩人甚至在北京都聽到了「百鳥爭鳴」，「看到了滿園正花開」。第一節既有時間上的奇妙組合，又有空間上的大幅度收縮，開篇便具有震撼力量。第二節則充滿了神奇的色彩，整條松花江、整座長白山。都來到詩人面前，詩人的感受是如此眞切，松花江「浪花滔滔拍岸的聲音」，長白山「林木森森壯闊的景象」都如在目前，使詩人激動欣喜，也使讀者驚奇和感動。第三節則「從妳寫滿春風的臉龐／我讀到了黑龍江的奔放／也聽到了呼蘭河的呢喃」。聲音和景象畢竟是外在的，而詩的最後，詩人從朋友的臉上看到了黑龍江的個性，領略了黑龍江亦剛亦柔的獨特魅力。

那麼這一切是怎樣實現的？從表面上看，是因爲滿面春風的朋友的到來使這一切成爲現實，朋友應該是時空錯合、轉換的契機。實際上，如果離開了詩人豐富而奇特的想像和聯想，離開了詩人眞切的感情，這一切都將不復存在。所以說這裡的時空是浸透了詩人審美感情的想像的時空，是詩人「用心靈映照出的」時空，「它跳躍著生命的律動，煥發出斑駁陸離的光彩，充滿了詩意的美」（璧華《心靈映照的空間》）。

綜觀以上的分析，可以看出台客詩歌的時空美具有以下三個特點：

一、強烈的時空感覺。詩人對時空的關注來自於詩人自身的時空意識和時空感覺。詩人的心都是敏感的，而對於時間和空間的敏感則使詩人能夠於平凡處看出不平凡。孔子臨江而嘆：「逝者如斯夫，不捨晝夜」是對時間的千古名嘆，陳子昂的慷慨悲歌「念天地之悠悠，獨愴然而涕下」是對空間的無限感懷，而李煜的亡國之吟「落花流水春去也，天上人間」則不僅包含著對時間流逝的無奈感嘆，而且也有此地非彼地的清醒認識。台客也是這樣一位敏於感知、善於思索的詩人。他的詩中總是充滿著強烈的時空感覺，其中直接提到時間的除了前面提及的之外，還有如「猛回頭／一千年的紛紛擾擾／迅速／向我奔湧而來」（〈在千禧年前夕寫的詩〉）；「時光似一大把銅幣／供我們盡情花用」，「人生是一本書／歲月無聲翻閱」（〈走過童年〉）。而〈古都（五首）〉中的詩每一首都滿滿地承載著時光流逝、物是人非的深切感受，但作者並不像古代詩人那樣因此而悲觀失望，相反地充滿了積極向上的激情。描寫空間的詩句如：「拾取一塊黃河石／擺置於我的桌案上／整個黃河的風景／突然呈現在眼前」（〈拾取一塊黃河石〉）；「從遙遠的外太空／歷經四千餘載漫長漫長的旅程／廿世紀末，夜空中／最美麗的驚嘆號」（〈海爾·波普慧星〉）；「飛翔的夢／在藍天中實現／看我們的翅膀／伸展得多麼寬長／輕輕一揮／萬里江山盤旋足下／瞧，天空多麼皎潔／大地無限嬌美」（〈飛翔的夢〉）；「腳下是三百公尺深冰河／腳上是一望無際溯漠冰原／

幾億年形成的大自然景觀／人類啊渺如一隻螻蟻」（〈站立在阿塔巴斯卡冰河上〉）；「一池碧藍的湖水／倒映著群樹山巒／倒映著天光雲彩」（〈落磯山脈群湖頌〉）等等。這些自然景象的描寫無不具有闊大的空間感，由此可以看出詩人無處不在的空間意識。

二、時間的空間和空間的時間化。時間和空間並非各自獨立存在，它們是互相依存不可分割的一體。如同前蘇聯電影理論家查希里揚所說：「時間彷彿是以一種潛在的形態存在於一切空間展開的結構之中。」（〈銀幕的造型世界〉）在台客的詩中時間和空間更是如同一對雙胞胎姊妹，形影不離。詩人往往借助高超的技巧使虛的時間觀念獲得實的空間形象，又使實動詞「泗」本身就既包含了時間因素又包含了空間因素，而「時間的海洋」更是典型的時空交融。「海洋」浩浩渺渺，漫無邊際，它是三葉蟲最初的家園，幾億年過去了，小小的三葉蟲已離開了這個家園，它也失去了最初的生命形態。但「海洋」在這裡成了一個時間概念，表示時間的漫長。三葉蟲由一個低級形態的生命變成一個化石，並最終來到詩人的身邊，經歷了一個漫長的過程，詩人將之形象地稱爲「泗過時間的海洋」。詩的內涵非常豐富，並且留給讀者極大的想像空間，使詩歌呈現出異樣的光彩。這是時間的空間化。〈海爾・波普慧星〉則是讓空間時間化：「從遙遠的外太空／歷經四千餘載漫長漫長的旅程／廿世紀末，夜空中／最美麗的驚嘆號！」「旅程」是一個空間概念，詩人卻說是「四千餘載」的旅程，並用「漫長漫長」加以修飾，使這一概念獲得了婉轉流動之美。而「旅程」這一空間概念也包含著時間因素。

三、**超越時空的哲理**。詩人對於時間和空間的描寫，可以使作品獲得鮮明的時代感、深遠的歷史感和遼闊的宇宙感，而當詩人在這種時代感、歷史感、宇宙感的心理體驗中反觀自身時，往往會引起對人生、社會、宇宙等的思索，詩歌的哲理性也會因此而產生。前面所舉的每一首詩裡幾乎都蘊涵著深刻的哲理，譬如在懷古類的詩中，詩人撫今追昔，總是會從歷史遺跡中生發出許多感慨。「遠處啊不再有如雲戰艦／千帆點點原都是過眼雲煙」（〈民族英雄〉）；「而狂風恆數千年吹襲／而國事恆如天上浮雲變幻／點將台，如今只剩得／遊客們匆匆路過的一瞥」（〈點將台〉）。但詩人並不頹廢，「盡管此去，命運多舛／沙蟹、海鳥以及／未可預知的重重障礙／都將使你們陷入萬劫／但請記住，生命／原是一種奮鬥過程」（〈加油，大海的孩子〉），「皚皚而靄靄，這場雪／一下就無法停止／趁著寒冬尚未降臨／急急地，讓我再趕一程路」（〈致白髮〉）。正如我們所看到的，詩人在浩渺的歷史和宇宙中意識到了人的渺小、生命的短促，但他知道生命本來就是一種奮鬥的過程，人只有不停地奮鬥，生命才會有意義。台客已出版過許多詩集，在詩藝上已形成自己獨特的風格。但《發現之旅》以其強烈的時空意識及其所呈現出的時空之美，標誌著他新的藝術追求。

真情淳厚　新奇自然

——讀台客詩集《發現之旅》兼談其詩對藝術風格的建構

楊秀芝

果戈理曾經評價普希金的短詩說：「這裏沒有外表的炫耀，一切是單純的充滿了並非突然呈現的內在色彩。一切是那麼簡潔，這才是純粹的詩。」（《普希金抒情詩選集》下集第五七〇頁）我覺得借用這些語句來評價台客的詩，也是很恰當的。

讀台客的詩，眞是一種美的享受。他的詩風不似大海那樣洶湧澎湃，也不似雪化冰消時那樣寒冷。打開《發現之旅》，細細讀來，只覺得似輕風拂面，如細雨潤花，是那麼淳厚平易，那麼淡樸自然。台客的詩不雕飾，不做作，從從容容，自自然然。詩人像一位知識淵博、閱歷豐富的兄長，腹中雖有千奇萬寶的豐富蘊藏，外表卻是平易可親，一點也不擺架子。

台客詩歌淳厚平易，淡樸自然的風格，較爲明顯地表現在以下兩個方面：

一是畫面單純。台客的詩彷彿是一架單鏡頭攝像機，它攝下一個個畫面，沒有多畫面的重疊，也不是幾個鏡頭的交叉拍攝，畫面單純明朗，一目了然，使人覺得賞心悅目。或寫一處古跡，或寫一塊奇石，或贈詩友，或哀小販，詩人總是用單純的畫面書寫自己的情思。詩人何其芳曾經說過：「短的詩是應該寫得內容集中和單純的。」（《詩歌欣賞》第二頁）而詩人艾青則說：「單純是詩人對於事象的態度的肯定，觀察的正確，與在事象全體能取得統一的表現。它能引導讀者對於詩得到飽滿的感受和集中的理解。」（《詩論・美學》）台客的詩正是如此，它用單純的畫面，用一個事象來表現一種感受，明朗清晰，樸實自然，體現了自己的風格。

二是白描手法。台客的詩決不濫用技巧，也不用斑斕的色彩粧點詩的畫面。他喜歡用白描手法，如實寫來，不炫奇，不打扮。「清水出芙蓉，天然去雕飾」，以自然美取勝。如「咩咩叫的羊群／黃土高坡上／集體行著注目禮／似在歡迎遠道的稀客／／隱約的人影顯現／荒涼的郊野／相互呼叫、吹哨／喚醒童年的記憶」（〈漂黃河〉）「路遠崎嶇難行／馬兒爬得氣喘噓噓／馬上觀光客春風得意／拉馬的菲童汗流浹背」（〈大雅台觀火山有感〉）作者善用白描手法描寫形象，表達思想，可以略見一斑。記得巴金曾經說過：「藝術的最高境界是無技巧。」（《隨想錄》第一集）台客詩運用白描手法，近乎「無技巧」的藝術境界，可謂難能可貴。

淳厚平易，淡樸自然是台客詩的主要風格，但對台客詩的進一步考察，還可以發現，他的詩歌於淳厚平易中蘊眞情，淡樸自然中見新奇。

一、淳厚平易中蘊眞情

淳厚平易的詩風，來源於眞純樸實的感情。詩，是心靈的歌，眞情才能出好詩。「詩發乎情，故能感人之情。」（清・方薰《山靜居詩話》）台客詩中的淳厚之情，則發乎他的心中眞純精誠的感情。莊子說過：「不精不誠，不能感人，故強哭者雖悲不哀，強怒者雖嚴不威。」（《莊子・溫文篇》）台客詩中的感情是眞純的，是濃深淳厚的。無論是鄉情、親情，還是對弱者的關懷及同情，都是發自詩人內心，沒有絲毫虛假的。

對於一個遠離故土的遊子來說，鄉情總是拂不去，驅不散，像影子一樣跟在身邊。台客也不例外，於是有了這樣的詩句：「想你啊想你／是一截小小的腰帶／繫緊於我的腰間／遂有了長江的思念。」（〈長江斷想〉）「在中華鱘研究所裏／凝望著蓄水池裏的魚／我不禁神傷痛哭／原來，我也是中華鱘一族。」（〈中華鱘〉）鄉情總是折磨人的，所以，回到祖國大陸，他走向黃河源頭，深情地吟唱：「這是生命的河／這是母親的河／今夏，在母親的懷中／享受一次難忘的回憶。」）（〈漂黃河〉）這一首首思鄉曲，情眞意切，眞唱入遊子們的心坎。

詩人數次到祖國大陸，或尋石、或覽勝、或交友，每到一處，都受到殷殷接待，都聽到款款絮語，都和當地的詩友、石友結下了深厚的友誼。詩人深深地陶醉於這份友情之中：「濃濃的親情飲我／我醉了，在這片古老的大地／感謝您哪，兄弟姊妹／一次次的敬酒，一次次的碰杯。」（〈濃濃的鄉情飲我——贈開封諸詩友〉）一句「感謝您哪，兄弟姊妹」中包含了多麼深摯，多麼質樸的眞情！詩人珍惜這份感情，因而祝願「友誼，我們的友誼／像身後的鋼骨大鐵橋／雖數十年風雨澆淋／依舊，歷久而彌新。」（〈黃河的女兒——贈娜夜詩友〉）詩人和蒙古族女詩人薩仁圖婭及鄭州大學樊洛平教授十分投緣，於參加台北「兩岸女詩人學術研討會」後南下旅遊，在高雄市「義結金蘭」，譜出了「現代版的高雄三結義」，於是詩人從此有了「甜蜜的負擔」，有了「望斷秋水」，卻「相隔茫茫海峽」的歎惋；（〈甜蜜的負擔——送洛平妹出關〉及〈沒有人再能欺侮妳——贈洛平妹〉有了「從台島上北望」時「最甜蜜的回憶」（〈從台島上北望——致薩仁圖婭大姊〉）。詩人是性情中人，它詩中流露出來的感情是眞切的、感人的。

台客的詩不僅充滿著濃濃的鄉情，眞摯的友情，還傳達了一種深深的關愛的情懷。在他的「旅菲詩草」中，在度假聖地佩多拉斯，他感歎「如今異國觀光客往來絡繹不絕／獨不聽菲國人民的笑聲。」（〈佩多拉斯〉）在〈大雅台觀火山有感〉中感嘆：「這富庶的火山之島啊／滋潤著萬物生長／獨養活不起，般般索討／一群衣衫襤褸的島國子民。」美麗富庶的島國，引來絡繹不絕的異國觀光客，因爲獨裁者的橫征暴斂，島國的子民卻處於水深火熱之中，災難重重，沒有溫飽，沒有尊嚴。這一切無不打動著詩人的心，而詩人能做的，只是留下他眞誠的祝福：「再見了！菲律賓／這美麗的千島之國／祝福你們的國家和人民。」（〈再見了，菲律賓〉）詩人不僅對遭遇不幸的人類深表同情，對被「困在淺水中掙扎」的魚，被關入「一座座小小的監牢」裏的美麗的白鴿這些失去自由「陷入困境」、「柔弱無助」的動物們的同情也是那麼深刻。這些樸實而純美的感情，像是台客詩歌中的血液，讓他的詩歌通體閃耀著生命的光輝。

劉勰說：「情者文之經」，因而讚揚「詩人篇什，爲情而造文」，批評「辭人賦頌，爲文而造情。」台客的詩，首首都是眞情流露，他不炫奇，不怪誕，不像某些詩那樣使人如墜五里霧中，百思不得其解。他的詩，有的只是感情的貨眞價實。而這正是眞詩歌藝術魅力存在的基礎和前提。

二、淡樸自然中見新奇

台客詩的淡樸自然之風是顯而易見的。他的詩不像兒童那樣歡蹦跳躍，也不像小夥子那樣熱情奔放，又不像大姑娘那樣纏綿多情，而像一位淳厚的長者，平靜地抒寫著他的見聞、感受。他的詩是樸素的，他不以絢麗的辭彙來引人注目，而是用平常的辭彙構成一幅色彩素雅的畫。他的詩句是通俗的，像口語一樣流暢、易懂，不露斧鑿之痕。然而，在淡樸自然中時會有新奇的發現，新奇的感受。這種新奇，主要來源於詩人所製造的意象中。

請看他「九州行」十四首中的第一首〈長江斷想〉：

「想你啊想你／是一條長長的索鏈／橫穿於神州大地／拉緊著中國人的距離／／想你啊想你／是一隻飛天的巨龍／有時高飛於天空／有時又潛伏於地／／想你啊想你／是一截小小的腰帶／繫緊於我的腰間／遂有了長江的思念。」橫穿於神州大地的長江，是祖國的化身，詩人通過抒寫長江，表達對祖國大陸的思念。在第一節中，詩人把長江比作「長長的索鏈」，這個比喻意象，既形象，又貼切。這根索鏈是多麼長啊，它可以把天涯海角，把世界各地的中國人的距離拉近；這根「索鏈」是多麼牢啊，它拴著每個中華兒女的心，讓他們無論何時何地，都心繫故土，不忘祖國。在作者的心目中，長江還是「一隻飛天的巨龍」，騰空而起，引人注目，讓這些巨龍的傳人爲之驕傲、自豪。劉勰在《文心雕龍》中說：「比類雖繁，以切至爲貴。」這首詩「索鏈」和「巨龍」的比喻是「切至」的。

在詩的最後一節，詩人寫道：「想你啊想你／是一截小小的腰帶／繫緊於我的腰間／遂有了長江的思念。」「腰帶」的比喻意象，可以說是神來之筆，讓人耳目一新。詩人巧妙地通過喻體和本體之間的對比反差，構造出一種新奇的意象。詩的一、二節，詩人先作了渲染烘托，長江是那麼長，橫貫神州大地；長江是那麼氣勢恢宏，宛如一條巨龍，可是最後卻變成了一截「小小」的，普通平常的「腰帶」。這頗讓人出乎意料。強烈的反差，卻更體現了詩人的思念的切心切肺，無時不在。陳舊的比喻意象，對於讀者來說，就如同「把豌豆撒在鼓上發出的那種響聲一樣，等響聲一過，就變得無影無蹤了。」（阿·托爾斯泰）而「腰帶」的比喻意象，是新穎奇特的，讀過之後，就像釘子落在鼓上一樣，發出響聲後，又穿透鼓面，嵌入讀者記憶裏。

詩人余光中爲大家所熟悉的詩作〈鄉愁〉和〈長江斷想〉一樣，是抒寫對祖國的思念的。不過余光中把「鄉愁」這個看不見摸不著的抽象概念賦予「郵票」、「船票」、「墳墓」、「海峽」這樣一些具體的意象中，頗爲人稱道，原因在於詩人善於拉大喻體、本體之間的距離。抽象的「鄉愁」和具象的「船票」、「海峽」等的距離是相當遠的，但詩人巧妙地用比喻的項鏈串起了這兩顆陌生的珠子，使他們閃出奇異的光。台客的詩作中也不乏這樣的例子。〈走過童年〉中有這樣一個句子：「時光似一大把銅幣／供我們盡情花用」。黑格爾說：「爲避免平凡，儘量在貌似不倫不類的事物中找出相關的特徵，從而把相隔最遠的東西出人意外地結合在一起」（《美學》）有如「鄉愁」和「郵票」、「海峽」一樣，「時光」和「銅幣」，是屬性不相同的兩種東西。「時光」是看不見，摸不著的抽象概念，而「銅幣」卻是可感的具體形象。「銅幣」能帶給人歡樂，但卻有花盡的一天，詩人的美好童年，飛揚青春，讓「歡樂貯滿回憶」，可是，面對早生的華髮，詩人像一個曾經的富翁，發現自己手中的銅幣，已所剩無幾。這個比喻意象，因其新奇，所以能給人留下深刻的印象。

《發現之旅》中還有一些詩，寫的是老題材，設比也很普通，但一讀之後，卻覺得耳目一新，讓人難以忘懷。如〈致白髮〉：「一根又一根／從黝黑的森林裏／無預警地，你們／不停地冒出來／／生命尚未冬季／而你們卻已紛紛嘩變／一面面豎起的白旗／令人觸目驚心／／皚皚而靄靄，這場雪／一下就無法停止／趁著寒冬尚未降臨／急急地，讓我再趕一程路」這首詩所構成的意象非常鮮明，一根根的白髮，就像「黝黑的森林裏」、「一面面豎起的白旗」，「黝黑」裏的「白」，是那麼鮮明、醒目，甚至刺眼，讓人心驚，他們無時不提醒著你的華年已逝，行將暮年。將「白髮」比作「雪」，並不算新鮮，「鬢髮如雪」，早已有之。然而「皚皚而靄靄」的意象，卻是詩人的獨創。白髮的出現，已讓人「觸目驚心」，更何況它們迅速增多，像一場「一下就無法停止」的雪，不知不覺，連成一片，讓人無法控制。面對時間流逝，人是多麼無能為力！詩人憑他對生活，對語言文字敏銳的感覺，錘煉出新穎獨創，令人耳目一新的意象。更為可貴的是，詩人面對白髮，沒有「夕陽無限好，只是近黃昏」的惆悵，沒有「白髮三千丈，緣愁似個長」的歎惋，而是想「趁著寒冬尚未降臨／急急地，讓我再趕一程路」。這首詩不僅意象鮮明新穎，詩中流露的思想感情也是全新的。

從表面上來看，台客的詩風是淳厚平易，淡樸自然的。然而，細細的體味，卻發現他的詩於淳厚中蘊眞情，於平易中見新奇，於淡樸中有華采，於自然中見鍛煉。縱觀目前的詩壇，這樣的純樸眞切之作不是太多了。

生活的真諦 心靈的飛躍

——台客《發現之旅》摭談

朱先澤

從秦嶽與金筑先生主編的《中國詩歌選》一九九八年版中，我就記住了台客這位詩人的名字，因爲他的〈鐘乳石〉與〈大地反撲〉給我留下了深刻印象。「從歷史的深處／秉燭而來／我期待著，期待著／您，知音人訝然的尋訪」詩人以鐘乳石自喻，托物述懷；「密閉的山洞中／不見天日的幽黯裡／多少成長的希望化爲泥／只剩下我，一個執著的／靈魂，醒在黑暗最深處／任冰涼的水滴，日夜／不停止地侵襲／（點滴在心頭）／啊！成長一寸的代價／竟是千萬年時光距離……」。以形寫神，神與物遊，餘味曲包，由山洞中的鐘乳奇石的媒介，身與物化，心乘物遊，以神遇跡化而石我合一，再現了生活環境與自由心靈，將個人獨特感悟撥響了讀者心弦。「書不盡言，言不盡意」均在讀者與詩人的共鳴中繞樑不絕。俗話說，知音難覓難忘。此後從《葡萄園》詩刊上又讀到了別具一格的關注社會、人生、自然環境的台客的不少佳作。然而系統地品賞台客詩作，當屬《發現之旅》讀後。台客先生透視了生活現實的眞實本質，十分注重心靈的飛躍，他將典型與意境完美地結合，生動形象地將主體的內在體驗與客體的外部特徵進行了描繪，突出了「物我化一交融」的創新。得意而忘象、忘形、忘言，讀者會心之樂也是可以如醉如痴的，「妙合無垠」是也。景外景，象外象乃藝術空白，全靠讀者作出相應的觀照與入神領悟。兔起鶻落，稍縱即逝；眞意忘言，新境迭現；筆墨未到，靈氣先行；含不盡意於言外，無字處皆其意。這樣的詩，才有藝術感染力。《發現之旅》詩集中的不少佳作，便突出了這個特色。

以宇宙、人生、社會、自然環境的抒寫實體，借以窺見展現詩人心靈，重在化實爲虛，選形象爲象徵，以心靈映射世態萬象及理想通途。《發現之旅》寫出了眞善美的發現，形象美，哲理美，意境美，音樂美，色彩美均呈現在讀者心目中。佳作的意與境融徹，須讀者再創造，方能從音聲形色之外，品味出眞意而擊節斷弦，妙處盡在一時難言之際。「意」不離「境」，「神」不離「形」，「心不離物」，是現實與心境的摹寫與反映，更是充滿人生的詩作，十分重視中華民族獨特的藝術個性與東西方藝術精華的借鑒與吸取，並盡可能去發揚光大。「圓者不以規，立者不以矩，附離不以膠滕，約束不以繩索」（《莊子駢拇》）是謂也。對立面的和諧統一，是從自身的生存發展中辯證地表現出來的。求眞務實向善美的崇高思想與情操，又都深藏在詩人的選擇與組合的形象、意象與意境之中，水乳交融爲一體。獨創性與純情眞境也是魚水難分的。以「童心」寫「性靈」，更使台客的詩筆揮灑自如，得心應手。通乎情理與事，謂之暢達。鍾嶸《詩品．總論》所言，「氣之動物，物之感人，故搖蕩性情，形諸舞詠」，說的正是此理。作者的意識與潛意識一旦與讀者的意識與潛意識共鳴，就會無酒也半醉，情景最難忘了。這是那些只會堆積支離破碎的意象或空喊口號的人，望塵莫及的高度，因爲他們不懂藝術匠心要落實在典型的形像與自我的縱橫思緒上。詩是空靈的，但首先應是眞實與眞誠的。加之「荷花出水有高低，千樹無有全同葉」，詩人由於閱歷不同，素養有別，境況有變，即使是同一詩人的不同時期與地點的作品，也會是萬紫千紅，百花齊放的。這也是可以從《發現之旅》詩集中不難發現的一個特點。

我認爲，將〈願〉作爲《發現之旅》的題託或代序就好了，它是「鳳頭」，比客套話要吸引人些。「願我是／天上那隻候鳥／飛越過茫茫海峽／帶給你春天的訊息／／願我是／地上那粒種子／風兒把我輕輕吹起／在你家屋檐生根長大」。《發現之旅》確實給人們帶來了海峽彼岸春天的訊息——團結發展的渴望，統一的呼聲，繁榮和平的民意。詩的種子不單落在我的心田裡，我多次向我的詩友與學生推荐了台客的這本詩集。「韭菜湖、澀子坑湖／兩隻無助的大眼　望天」（〈九份二山〉）大地震震出的這兩個堰塞湖，像望天的一雙大眼，大地母親無可奈何於天災人禍，詩人與詩者面對台灣海峽的滔滔巨浪與「三禁」，不也是眼巴巴地盼望早日大「三通」嗎？這不也是「漫步在崎嶇的月岩上／我們，也會有鄉愁吧！」的注腳。尋根是《發現之旅》中的主弦律。

「拾取一塊黃河石／擺置於我的桌案上／整個黃河的風景／突然呈現在眼前／／……整

個黃河的思念／突然湧到了眼前」（〈拾取一塊黃河石〉）這使我禁不住聯想到李白的「床前明月光」及其〈古風〉組詩的淳樸清新，「文質半取，風騷兩挾」交互輝映。大象無形，大音稀音！情理與形神和諧統一於黃河一小石上，以簡取繁，以少勝多，回味無窮，可信可感。「一塊斑駁的土堤／黃沙漫漫中突起／……點將台，如今只剩得／遊客們匆匆路過的一瞥」（〈點將台〉歷史這面鏡子照出的是安定團結，和平統一勝過文攻武嚇，和比戰好，個人名利乃過眼煙雲。作者贊揚賀蘭山隘口那「筆直的公路／向天邊無限延伸／似一隻友誼的手／拉緊著雙方的距離」。感謝何呼格吉勒圖盟長的〈贈石〉，則是活現了海峽兩岸人心的距離的消失。「贈石／以一粒戈壁的山形／當我滿心歡喜／正盤算著價錢高低／／以滿臉的豪氣／您堅持著／金錢已無法估量／這顆石代表著友誼／／內蒙古和台灣／緊緊地握著手／邊送客您還邊說：／下次記得再來……」主人的豪爽好客與客人的狂喜陶醉，躍然紙上。作者在〈長江斷想〉中把長江比喻成「一條長長的索鏈」、「一隻飛天的巨龍」、「一截小小的腰帶」、「繫緊於我的腰間」。創造形象來抒情寫意，將有限的具體形象和無限的抽象形象交融，實現了想像的虛實一體。意境的內涵與其美學外延的貫通疊映，在台客詩中均表現得自然恰切。誠如亞里士多德《心靈說》所言：「想像裡蘊蓄著感覺，而判斷裡又蘊蓄著想像。」作者遊樂山觀大佛，感悟「大佛無言／無言地望著江水／祂默默地感念著一個僧人／曾經歷盡艱辛甚至連他的生命／／大佛無言／無言地望著江水／啊！那江水曾是一條孽龍／

如今，卻宛如一乖馴的綿羊」。唐代和尚海通，爲修大佛而挖瞎雙眼明志，作者贊揚大陸改革開放的巨變，也非爲了個人名利雙收。〈大佛無言〉，言外之意極爲豐富。作者一路歌頌著中國的統一渴望，而且是合乎「健康、明朗、中國」三原則的，也是葡萄園詩派的特色。所不同的是，台客個人的風格是熱情奔放，格外重視形象化、意境美、空靈性。〈火車駛過巴蜀大地〉最後一節：「哐噹，哐噹／火車駛過巴蜀大地／且讓我俯耳靜聽／這古老的大地深沉的嘆息」。這「大地」是民衆、下層的象徵。

「溯著長江的航道／一路尋尋覓覓不辭辛勞／那群披銀盔甲的武士／每年，總是從萬里的遠方歸來／／在中華鱘研究所裡／凝望著蓄水池裡的魚／我不禁神傷痛哭／原來，我也是中華鱘一族」。這是何等動人的描畫與抒情啊！一流思想者，才會有一流的佳作。恕我無法一一列舉作者《發現之旅》的佳作，掛一漏萬了。我希望有一本《台客自選詩百首》能在海峽兩岸同時出版發行。

二〇〇二年七月寫於岳陽樓下

遊吟者的遊吟

——讀台客的《發現之旅》

楊四平

和以前有些不同，台客的這本詩集專門收集了他於一九九七年至二〇〇〇年四年間所寫的遊吟詩近百首。可以說，《發現之旅》是台客的第一本遊吟詩集。在中世紀，就出現了一批以遊吟爲職業的詩人；他們可以憑借著「遊吟」，這一類似於今天的護照的身份顯示，在各國自由地穿行。從這個意義上講，台客寫這麼多遊吟詩，顯然也是對詩歌傳統手法的一次集中的傳承與展示。這些年，台客依仗著《葡萄園》詩刊編輯與中國詩歌藝術學會理事的身份，多次來大陸、到東南亞和美加等地旅行，在世界各地走山訪水。他是一個有心人，又是一個較爲敏感的人；一路上的人、物、事、景、時、地等都會觸發詩人台客的靈感。他把這些一瞬間偶然獲得的詩思都化作文字。這就是收集在《發現之旅》裡的詩篇。

黑格爾曾把遊吟詩稱爲「應景詩」。所謂「應景詩」，就是感應景物的詩篇。正是因爲「感應」的方式和性質決定了遊吟詩在文體上有如下四個特點——

一、瞬間性。詩人與他所觀察到的、所感應到的事物之間所發生的碰撞是瞬間的。而瞬間所產生的靈感只能是星星之火。比如在〈拾起一塊黃河石〉裡，他把一塊從黃河岸邊撿來的石頭放在書桌上，就在怎麼放置好這塊特殊的石頭的那「短時段」，詩人靈感的閘門突然打開了，詩歌的光芒就這樣始料未及地閃現了。請讀它的第一節：「拾取一塊黃河石／擺置於我的桌案上／整個黃河的風景／突然呈現在眼前」。

二、**短悍性**。由於遊吟詩是詩人瞬間靈感的不期而遇的閃現，而不是詩人長年累月沉思的結果；所以，在這精神狀態下寫出的物化出來的文字是不會太長。換言之，感應性的遊吟詩一般是短詩或小詩；不會是長詩或史詩。這本詩集裡的詩幾乎都是短詩或詩人自稱爲「微型詩」的小詩。它們通常在廿行以下。

三、**抒情性**。我在這裡所說的抒情性不是那種作爲詩歌共有的根性的抒情性；而是區別於敘事詩的那種敘事性。感應詩長於抒情，而短於敘事。也就是說，感應詩不想在敘事上與敘事詩爭勝。它不會去占有敘事詩的敘事長度；即使它偏要擁有一定的「抒情長度」，它也只能是採取「抒情斷章」的詩體結構形式由一些短悍的斷章組接而成。比如〈花蓮斷章〉：

一

海以無止盡的蔚藍
淹沒我
山以無止盡的崇高

壓迫我

盤旋在曲折起伏的
蘇花道上
一隻海鷗驚呼而起
斜斜掠過萬丈深崖

二

山伸出堅實的雙臂
圍繞起
一個溫馨的港灣

碎浪拍岸的波濤上
船兒都入夢了
夢見它們曾壯遊四海……

在台客的審美觀念裡，對於崇高美的理解還是具有現代品格的。在古典美學中，對於崇高的闡釋往往著眼於客體對主體的威壓，崇高是伴隨主體的恐懼和渺小而產生。在這首詩中，客體是「山」，是「水」；而作爲主體化身的是「海鷗」，是「船兒」。一句話，台客的這類詩表現崇高美時，正是從主體對客體的反抗與鬥爭中，去表現個體生命的偉大，心靈的堅強與崇高。可見，台客感應詩所進行的抒情是具有很強的現代性的。

四、哲理性。遊吟詩不能滿足於對所見所感作浮光掠影式的「印象式」抒情。它的瞬間性特點決定了它的短悍性體制。對於詩來說，短絕不是少的另一種表述。遊吟詩，詩體雖然短悍，但是詩意卻很豐盈。它的這種豐盈的最終獲得依賴它內含的哲理性。台客遊吟詩的哲理性從兩個方面得到體現。第一種方式是它直接將它所有表述的哲理呈現出來。比如〈鴿店所見〉：

一座座小小的監牢
一隻隻美麗的囚犯
下雨了，它們抖擻翅膀
望向窗外的藍天

第二種方式是將它要表達的哲理含而不露地包含住它的問句裡。比如〈張家界的山〉的首節：

一尊一尊
是天上神聖？是人間怪物？
一座一座
是閣樓寶塔？是古屋仙都？

總之，台客的遊吟詩在詩歌文體與詩歌美學兩方面都是具有現代性的。如他自己所言，他在各地的遊吟，是一次次富有自己個性的發現和抒情，是他幾年來在山水之間所作的「發現之旅」，也是他在詩歌寫作裡所作的又一次「發現之旅」。因此，我贊同台客的「寫詩，也是一種發現之旅」的說法。

二〇〇二年元旦寫於安徽師範大學文學院

「頭殼壞去」的詩人夫婦

——讀台客、薛美雲的《短詩選》

王常新

薛美雲曾數落夫君台客寫詩、辦刊、搞交流是「頭殼壞去」，現在她也染上了「壞習慣」，夫唱婦隨地出了《短詩選》，並謙虛地請我指教，我不得不寫下這篇短文來祝賀。

他們都是在台灣土生土長的詩人，所以在詩歌中懷念故鄉是很自然的，像台客在〈雨後——故鄉之歌之一〉中歌頌雨後的鄉間，「空氣有薄荷的清香」，薛美雲在〈故鄉——憶南台灣茄萣海岸〉中，描寫「夜深人靜／那輕輕的漁歌／似遠又近／出海的船兒／隱隱浮現／漸行漸遠」。更可貴的是，他們對未曾生養過自己的大陸，對中華民族，有血濃於水的情親。台客在〈長江斷想〉中吟道：「想你啊想你／是一條長長的索鏈／橫穿於神州大地／拉緊著中國人的距離／／……想你啊想你／是一截小小的腰帶／繫緊於我的腰間／遂有了長江的思念」。他對長江的認識可謂深刻，他對大陸的感情可謂眞摯。薛美雲也是一樣，在〈讀書樂〉中，她寫讀史後的感悟：

讀魏晉南北朝史
凝視歷代英雄豪傑帝室傳承
縱橫中華民族遼闊之疆域
自身彷若也來去其中
讀台灣開發史
終於撕去覆壓心間之眼翳
洞悉自己成長之土地，竟有
一頁頁滄桑血淚史

這表明：她自認是中華民族大家族中的一員，與大陸人民是一母同胞。

對於中華民族幾千年的傳統文化，這一對賢伉儷也是頂禮膜拜的：薛美雲讀古詩詞，走入時光隧道，探討古人風韻雅俗，她贊美婆婆「付水而去／妳美麗的一生」（〈告別〉），台客在〈阮老母——變動的鄉愁之一〉中感激母親的養育之恩：「佝僂著背／阮老母／擔著沉重的飲料／一遍又一遍地走向菜園／／我們就是那菜園裡的菜／在她細心澆灌下／不斷地成長／／終於不需要再澆灌了／阮老母／她的背越來越佝僂」

慈母對於子女，眞是無私地付出啊！子女對於慈母，又怎能忘懷那春暉之恩呢！薛美雲、台客對於中華民族的傳統美德是忠實的實行者。

兩位詩人都嫻熟地運用了比喻、比擬等寫作技巧和電影蒙太奇手法，使詩歌充滿詩情畫意。

台客在〈雨後——故鄉之歌之一〉中描寫：「樹木披一件件新綠衣裳／小草高舉千臂挺立／天空像一張大藍被單」，樹木小草具有了人類的動作和情趣，天空被比喻得多麼貼切生動。〈九一一襲美事件〉中他又靈活地運用比喻和對比：

戰爭，似人間車禍
總是一再發生
和平，如天上寒星
永遠閃爍不明

比喻通俗貼切，詩人的情感態度，灼然可見。薛美雲在〈尋〉中描寫：「忙是無形之枷／憂鬱是一團團絲」。避免直述，托物摹寫，易於感發讀者。再如〈冬夜的風〉描寫：「臘月都踏底了／後陽台的風徹夜哀鳴／像一頭重傷的野獸」。這比喻不假雕刻，讓我們想像到寒風的淒厲。台客在〈船歌〉中，將兩艘船擬人化：

「您好，旅途愉快！」
「您好，一路順風！」
像兩位熟識的老朋友

互相親切交談著
旋即錯身而過
航向各自漫漫的旅程

這樣寫旅途見聞，多麼形象生動，富於感染力。再如〈大明湖畔的垂柳〉寫垂柳：「她們把長長的髮絲／柔柔地探向湖水／是享受著湖水的清涼？／是陶醉於明湖的夕陽？」這種「把死的說成活的」的功夫，生動形象，淋漓盡致地抒發了詩人在大明湖畔留連忘返的喜悅之情。薛美雲在〈假日記事〉中寫「花呀，葉呀好像在呼喚／想和我談天」，「誰，牽走我的心／是窗口流過的雲，說好寂寞」。這「花、葉、雲」讓我們感到好親切。〈秋天的路上〉寫「黃葉把路上／飄零成美麗的心情／淚躺入秋風裡／溫馨地傾訴人生底滄桑」，讀後眞讓我們百感交集，唏噓不已。〈告別〉則更令我們感動。

薛美雲的〈向晚的海域〉充滿了詩情畫意，首節的海浪沙灘、女孩身影是近景，二節殘弱之霞輝是遠景，三節白沙鷗掠過低空是特寫。晚霞之紅，沙鷗之白，色彩鮮明，冷暖互補。這三節是實景，第四節虛寫思念，達到虛實相生的境界。台客的〈雨中的日月潭〉也是這樣，第二節寫道：「白雲靜靜地／依偎在青山身上／綠水靜靜地／倒映著藍天／幾隻小舟在碼頭／任意地停泊／三、兩隻水鳥／打水面匆匆／飛掠而過」。白雲、青山、綠水、藍天，色彩多麼豐富！遠景、近景、特寫，層次十分清晰！這眞是一幅「道道地地的　山水畫」！

可能因爲台客是男子漢吧，他的詩充滿陽剛之氣。如述志詩〈煙火〉：「即使是短暫的燦爛／我也不後悔／／即使摔得粉身碎骨／我也不流淚」。這種造福人類不懼犧牲之精神多麼可貴！再如〈蝸牛〉：「爬行復爬行／多少銳利的石子刺穿腳掌／多少凶猛的野獸虎視耽耽／／我仍然一步一步地／頂著炙烈的太陽／向遙遠的國度進發」。雖然平凡，但不畏艱險，不忘進取，一步一個腳印地追求，這種執著堅毅實在感人！〈我是一粒石頭〉則道出了愛石人的心聲：又堅又硬，不懼風雨襲擊，飛鳥滴糞在身上也滿不在乎，「我始終報以微笑／且把臉龐／迎向前方」。這種寬廣的胸懷，堅強的性格，怎不叫人佩服！再聯繫〈東北角海岸（十章）〉之三：「站在海中迎著浪花／每一粒海石都是一位勇者」。這些詩都可說是詩人的自畫像，畫出了他的人格，他的氣質。

薛美雲可能因爲是弱女子吧，有些多愁善感。在〈假日記事〉中，她看到「白色的桐花飄落一地」時，便感覺到「啊！飄落的是／我碎滿地的人生憂鬱」。在〈夢的石像〉中，首節寫「我的淚水是情絲／是斷落之水柱／在黑夜裡呻吟掙扎／沒有人來臆測痛楚的深谷」。末節寫「天將破曉／永恆斷落的水柱／一束束無助之情絲／呈塑一具悲劇宿命底石像」。讀這首詩讓人覺得孤苦無依。她的〈幻覺〉眞是幻覺：「而今，隨著雨露／一切都要湮滅／我沉寂於幽暗一隅／無言、無語，推不動／小紗窗，不看太陽也罷／／我想，這世界上／不再有，不再有誰／爲我等待，靜靜地／聽一支老歌／就讓歌聲逐漸遠離」。如果病魔纏身，她就更悲觀了，像〈致秋天〉：「啊！晚霞美得令我落淚／我正走在生死邊緣／……我也多麼歡喜／舒服躺入它們懷裡／永恆的安息」。

台客在〈髓緣——記一次兩岸跨海捐髓〉中吟道：「因爲有緣／寬闊海峽不是距離／因爲有愛／它才飛越千里萬里／／……終於，台灣的骨髓／移植入大陸的身體／如今，誰還分得清／台灣和大陸的距離？」

我和台客夫婦一樣，殷切地盼望著台灣和大陸沒有距離的那天早日到來！

二〇〇四年七月於武漢桂子山

美麗的「葡萄園」詩刊

兩首耐人尋味的圖象詩

麥　穗

對於圖象詩一直是抱著敬而遠之的態度，個人覺得詩就詩，圖（畫）就是圖，圖可使用不同工具、顏彩創作，但詩的表達工具必須是文字。因爲詩是一種文體，文必然是字的組合，離開了字也就成不了文。而文字的組合成文，無論是詩、詞、歌、賦、散文、小說。直寫、橫排，都具有傳統的規格，而今天的圖象詩，有以圖代字者，有將字拆開得肢離破碎者，也有將數十甚至數百個相同的字，排成不同形式的，說它是圖，勉強可以接受，但說它是詩，則不敢苟同，因爲我國詩的定義是一種和諧聲調的文章。所以詩是可吟可唱的，也因此自古以來，詩與歌是不分的，如果上述那些也是詩，除了視覺上的收到文字遊戲技巧，及圖案運用巧思效果外，並不能令人有心靈上發生共鳴。至於有人早已主張詩歌是歌，詩與歌應該分家，話雖然不錯，但今天許多詩的活動場合中，通常都有朗誦這一項目，可見詩除了給人心靈和視覺享受外，可朗朗上口仍是特質之一。今天是一個多元自由的創作環境，任何主張和作爲，都是被允許和存在的，至於能否廣受歡迎，持久不衰，則需要經過讀者的檢驗了。

雖然對圖象詩並不鼓勵，但爲了瞭解、認識，還是會逼著自己去「讀」它。其中還是有些令人印象深刻的，如早年白萩的〈流浪者〉，和最近在《台灣詩學》卅一期及《葡萄園》第一五一期上，讀到台客的二首圖象詩〈遊五峰旗瀑布〉和〈颱風〉。白萩的〈流浪者〉已有許多人談論評析，不再贅述，謹就台客的兩首圖象詩，談談一些讀後拙見。

遊五峰旗瀑布

撐一把傘
濛濛細雨中，偕妻
走入山中
曲曲折折
蜿蜒攀升的
小
路
走走停停，山以
千百種蒼翠之姿迎我
以滿樹紅白花開迎我
以整個東北角的風景

迎我，停停走走，腳下
隱聞水聲潺潺
拐彎處，倏見
一條長長長長垂掛的白色簾幕從天而降
轟隆隆
水花四濺
春寒料峭的山谷
益發冰涼了
潭底
一泓清池
亂石奔雲圍住
縱情過後的水流
嗚嗚咽咽
繞過大小岩石
往山腳下的
大海奔流

而

逝

這首發表於卅一期《台灣詩學季刊》「圖象詩大展」的〈遊五峰旗瀑布〉，嚴格地說起來，並不是「爲圖象而圖象」的圖象詩，祇不過是在整首詩中夾雜著一些行句排列上的技巧，使整首詩在詠讀之餘，發生了一份「畫意」。如詩的前段十五行中，大致都是中規中矩的寫法，只是其間第六、七行的「小／路」，以低三格及低一格的方式排列，使前一行「蜿蜒攀升的」充份具象化。其次在這段的最後一行：「一條長長長長垂掛的白色簾幕從天而降」的長句，是這首詩中最令人激賞表現手法，因爲句子本身就如一條從天而降的瀑布，在這裡台客用了四個「長」的疊字，有人認爲這是一種技術取巧，因爲以「長長」二字足可表示很高的意思，用四個「長」字並沒有必要，但是筆者認爲這四個「長」字，是含有二種意義的，前二個「長」字是代表「長遠」之意，後二個「長」字則代表「很長」的意思，「長長長長」亦即意爲「長遠地高垂著」。

在第二段的排列上，突然來了個大逆轉。這種由下而上的呈現，雖非創新但在這裡卻發生了圖象效果，讓山丘、岩石一一浮現，而最後二行的「而／逝」，與上段中的「小／路」，有異曲同工之妙，它的上下錯置，加強了瀑布的水流，直向山腳下大海奔流的寫意。

另外一首發表在《葡萄園詩刊》第一五一期的〈颱風〉：

從海上
大自然投過來的一個
變
化
球
暴投
或者
接殺

樣的命
一運
不有
果著
結不
的樣一

這首詩的圖象意味就非常濃厚了，第一段低低地「從海上」，驟然升起一團高高的「大自然投過來的一個／變／化／球」。以棒球的意象，來述說颱風的形成和不可摸索的行徑，是極具巧思的匠心。尤其後三行起伏的「變／化／球」安排，更強化了颱風的詭譎多變。第二段的「暴投／或者／接殺」，也用不規則的排列法，以顯示颱風來襲時所造成的二種情勢，一是直撲而來登陸肆虐，造成大小不同程度的災害。這就是「暴投」，棒球術語中所謂的「壞球」。另一種是轉向或是風勢減弱甚至變成了高氣壓，解除了危機。在這裡用「接殺」這個意象，是非常精準的手法。因爲在棒球賽中，甲隊投出的球，被乙方擊中，是危機的形成，而被擊出的球又被甲隊球員接住，危機就解除了。

以圖象詩來講，這首詩的最後一段，是全詩的精髓，因爲這一段作者將十四個字的句子，排成一個圓圈，這是颱風運轉的形態，當然中間的空白也可以作爲颱風眼來解釋。而「不一樣的命運有著不一樣的結果」，也就是對第二段「暴投／或者／接殺」的呼應。

台客的創作態度，一向是嚴謹而平實的，鮮有標新立異，媚俗搞怪的作品，這二首圖象詩應屬其實驗性的作品，是諸多離經叛道，玩弄文字，披著詩的外衣，卻完全沒有詩味的所謂圖象詩中，少數仍然堅持著詩質，耐人尋味的「圖象化」佳作。由此證明，圖象詩不是不可爲，而是要有所爲。

索鏈　巨龍　腰帶

——析讀詩人台客的短詩〈長江斷想〉

一信

長江是亞洲第一大河，全長九千九百六十公里，源於青海省巴顏喀喇山，經雲南、四川、湖北、湖南、江西、安徽、江蘇等省入海，是名符其實的源遠流長。因其歷史悠久，且流經區域又多，故其可感可記、可歌可吟之處太多了。詩人台客，於二〇〇〇年九月旅遊大陸，橫渡長江，有感而成此詩，題名〈長江斷想〉，雖僅三段十二行，卻是非常難得之寫長江的好詩，這首詩發表於《乾坤詩刊》第十七期（二〇〇一年春季號）全詩如下：

想你呀想你
是一條長長的索鏈
橫穿於神州大地
拉緊著中國人的距離

想你啊想你
是一隻飛天的巨龍
有時高飛於天空
有時又潛伏於地

想你啊想你
是一截小小的腰帶
繫緊於我的腰間
遂有了長江的思念

作者首先就以「想你呀想你」之歌謠式感性語言，將長而遼闊的「長江」，一下子收縮在「想像」的範疇之內。這個切入的方式用得很好，接著用「一條長長的索鏈」作爲長江的意象，來「拉緊著中國人的距離」，這個意象用得非常巧妙，使我們聯想到不知有多少地區多少人，依賴這條江流來流暢貨物交換生活所需，交流促進文化及生活習俗………。這條意象之索鏈，眞的是將這些人緊緊地連結在一起了。

第二段作者發揮了非常之想像力，用「巨龍」作爲長江的意象，一會在天上飛舞，一會在地上潛伏；不禁讓我們聯想到：長江一會在風雨中波浪掀天，或急湧湍流中亂石崩雲，驚濤裂岸。一會兒又風平浪靜，江山如畫或片片帆影，長河落日圓了。

第三段作者以「一截小小的腰帶」作爲長江的意象，這意象用得極爲精巧，讓我們將遠長無比的長江，在感情上、感受上成爲貼身親切無比的腰帶，緊繫著我們的身心，這種貼身的親切感、溫馨感，眞是非語言、文字所能表達的。

這的確是一首運用意象表達長江的好詩，作者以樸實而簡約的詩語言，表達了豐富的內涵；第一段表達了長江對人們生活、文化、社會、歷史之重要性及其影響。第二段表達了長江外在型態及內在的美好內涵。第三段則表達了人本立場對長江的親切感。尤其難得的是全詩既不天花亂墜、不著邊際，又不落入俗套，成爲遊覽的筆記，而是運用意象簡扼而深刻地表達出了長江的特點、特質與人們對長江的情與感，這的確是書寫長江的一首好詩。如果詩人能在詩語言上的質度及凝練上更多下錘鍊工夫，降低散文語氣的話，那就更加完美了。

有朋自遠方來，不亦樂乎！

章安君

第一次看到台客老師寄給我的照片，是在近七年前，當時照片中的他，穿一件青花樣的花格襯衫，他的表情嚴肅，若有所思。多年過去了，現在台客已成爲我的恩師，從最近他主編的台灣《葡萄園》詩刊封底中看到：他仍然穿著那件青花的花格襯衫。台客老師是懷舊的人，不但深愛著詩歌，也深愛著各式各樣的奇石、化石，他的這一愛好也帶動了許多文朋詩友。

如果不是一場人生的劫難，也許，我不會認識台客老師，但人有旦夕禍福，誰能把握得住自己的命脈呢？一九八七年我由急性腎炎誤投庸醫之手，不幸突發成腎功能衰竭，生命飄如游絲。全家幾經奔波，國家也化去近十萬元人民幣，終於使我在上海第二軍醫大學做了腎臟移植手術。這在當時無疑是醫學界的奇蹟。可是換腎如換命，我的命運方向全都改變了，我二十四歲的生命不得不去面對殘酷的現實，腎臟是別人的，時時都有排斥的可能，埋進了一顆別人的腎臟，也就是埋進一顆不定時的炸彈，而且終生需要服用昂貴的進口藥物以防異體腎臟的排斥。今後的路怎麼走？前方的路太淒迷。我是學畫的，由於療養時常常弄髒醫院的床單，所以醫生嚴正警告：不許畫畫！我垂頭喪氣只好埋頭看書，有一次偶然讀到北京青年詩人食指的詩〈相信未來〉，這首詩像黑夜中的明燈，一下子照亮了我的方向。也許人生順利時我們可以不需要詩，但在生命處於逆境時，詩歌，無疑是苦海中的一盞明燈。於是寫詩成了我靈魂的自我拯救，在療養院近一年多時間裡，寫下了不少詩歌，之後也開始大量投稿。

記得最早發表在《葡萄園》詩刊上的二首詩，是〈酒仙〉和〈鐵砂掌〉。高興之餘，寫信向台客老師表示感謝，之後相互熟悉起來，我想托台客老師能否在台灣爲我代售一些畫作，因爲我在手術之後每年須服用昂貴的進口藥物，及長期追蹤化驗檢查，父母兄弟姐妹已爲我負債纍纍，所以一直處境艱困，假如能賣些畫作，也是自救的辦法。台客老師見信後，馬上回了一封信囑我寄幾張作品過去看看，隨後他在詩友和親友中爲我推售了一些畫作，而且他幾次隔海匯錢，資助我渡過困境，這一切使我感激莫名。

一九九八年夏，台客老師準備在中央圖書館台灣分館舉辦一次「石與詩的對話」藝文展，準備展出他收藏的奇石及創作的石詩，他來信邀我畫一批石景國畫與他一同展覽，這對我是個很大的動力。於是在大半年時間裡，我埋頭畫了六七十幅石景國畫，並配上他的石詩，這次展覽很是成功，台灣和大陸的電視報刊都有報導。另外在展覽時，台客老師推出了他的一本《石與詩的對話》詩集，封面封底及內頁都採用了我的國畫，此次隆重的活動，正如台客老師在「美夢成眞」展後語中所說：這不僅是兩岸詩人畫家的攜手聯展，更是石界與詩界的友誼大結合。在這期間，我們各自被眞切的友誼所包圍所感動。之後也使我愛上了「皺、瘦、漏、透」汲天地精華的奇石。

多年來，和台客老師的交往中，陸陸續續接到他寄來的七本個人詩集、台灣的奇石畫册、名信片、信件相片照，還有他托文曉村老師從鄭州輾轉寄給我小兒的玩具等。但我更多的是在每期的《葡萄園》詩刊中讀到台灣大陸港澳及海外詩人的詩作和美文，這些作品無疑是我的一道道精神大餐，也是我對詩歌孤獨守望的理由。一年四期的《葡萄園》牽動了多少顆眞切的詩愛者的心靈，它是這個時代，在到處叫賣豐乳肥臀的吆喝裡，讓我們聽到的最清脆的一聲清鈸。而那些編輯、審稿、校對默默奉獻的園丁們，他們的勞動使我產生無限敬意，正是他們無怨無悔地努力付出，堅持不懈，才能使《葡萄園》在台灣詩壇上風雨四十年而屹立不搖，經過一年又一年的辛勤栽培：視其藤蔓更加堅韌、視其枝葉更加茂盛、視其碩果更加甘甜。並且他們不遺餘力地努力推動兩岸之間的文化交流，在海內外詩人中贏得了廣泛的聲譽。而台客老師身為主編，既要做好單位工作（他在郵局服務），又要騰出閒暇時間來爲詩歌盡一付心力，他身患腰疾，而筆耕又不得不長期伏案，其中之苦恐難爲外人道；在他身上我分明看到一種人格的提升，一種石頭歷經千磨百擊後產生堅毅的力量。他在詩路上前行的姿勢令人敬仰，也永遠是我最敬重的恩師。在台灣九二一大地震之後，山河破碎花木垂淚，他在一個月內冒著危險五度深入災區，在血肉和斷垣中，用詩筆挖掘出令人驚心的詩句，如此台灣第一本反應大地震慘烈之景象的個人詩歌集《見震九二一》問世了。之後，他又用最快的速度主編了一本海內外詩人描寫大地震的詩選集《百年震撼》。國家興亡匹夫有責，作爲一個詩人，他的詩筆又怎能不和國家的命運相結合，又怎能不像一隻杜鵑一樣啼出泣血的歌聲？正如一位評論家所說：台客在做史官才應做的事。這兩本書的出版，隨著時間的推移無疑地更加顯示它的珍貴。

海風飄飄，山關萬重，我和台客老師神交已久，但久久不能會面，雖然台客老師有幾次組團來大陸，但行色匆匆。加之離浙江實在太遠，而我體弱遠行需人作伴，所以這令我非常遺憾。但台客老師安慰我說以後總有機會，到時一定到浙江一趟以會上一面。果然，今年五月底忽然接到台客老師從台灣打來電話，他準備參加台灣中天假期旅行團前來大陸南京、揚州、蘇州等地遊玩，並約好六月五日晚上六時左右在杭州浙江大酒店相見，他給了我一個手機號碼，以便聯繫。我一聽大喜，興奮得失眠了幾天。而湊巧我的一位親戚正好要開車到杭州開會辦事，所以我和妻子、小兒從我住的錢塘江源頭開化縣坐車提前一天到了杭州。六月五日我曾幾次打電話到浙江大酒店詢問：台灣中天假期旅行團有否預約房間？但都說沒有。打台客老師的手機，卻是一個空號，我心想是否有變化了呢？是否聯繫了其它賓館？這次台客老師到杭州時間也極短暫，如再碰不上面，豈不抱怨終生。

晚上五時半，我和妻兒匆匆吃完晚飯，就到達了浙江大酒店，我在服務總台仔細查詢，但登記薄上確實沒有該旅行團（後來知道該旅行團使用的是另一代號）。我們只好在大廳內焦急地等候，等了兩個多小時，都快晚上八時半了。我心急如焚，無奈只好到二樓的商務中心，打電話到台灣，電話是她女兒接的，我告訴她，我和台客老師已失去聯繫，不知他現在何方，希望她打台客老師的手機，告訴他我們已到達浙江大酒店等候。電話放下我心想，不妨再試一試台客老師的手機。然後，我將台客老師的手機號碼交給商務中心的小姐，不想一撥竟通了（原來台灣的全球通手機也須加上區號），對方傳來台客老師的聲音，說他剛接到女兒的電話，並問我在那裡？我說在浙江大酒店二樓，台客說他已到浙江大酒店一樓大廳，原來他們已到達了。咫尺之間，竟然電話在萬里之間轉了個來回，這眞是笑話。於是我快速地跑下樓來。遠遠地看見了那熟悉的面孔，終於，我們的雙手緊緊地握在一起……

二〇〇一年完稿於端午節

如蛹化蝶的精神照影

——讀《不惑之歌》

張嘉諺

感謝邱平先生托台客兄寄來《不惑之歌》，抱歉的是數月來因病沒去學校上課，書很晚才收到。

讀罷金筑先生爲《不惑之歌》寫的序言，「不惑・銘戢深」，我對於《葡萄園》詩刊的辦刊宗旨「健康、明朗、中國」深以爲是。金筑先生所指析的台灣晦澀詩風，對大陸何嘗不適用。兩年多來，大陸詩壇由朦朧而晦澀，互相模仿成風，愈演愈烈，使當今詩歌爲社會大衆不屑一顧，只能相互吹噓或私下把玩、自我撫摸。當今詩壇如此跡近墮落的所謂「詩寫」，眞希望有人挺身而出施以喝斥。近年果見有大陸詩人楊春光甘冒「國民公敵」之大不韙，對流行中國多年的靡靡詩風槍挑刀劈，大有摧枯拉朽之勢。今日得見《不惑之歌》，見金筑先生透揭「晦澀」之風的五大漫患成因，方感他鄉有故知也。

葡刊奉行「健康、明朗、中國」之詩歌主張，實爲撥亂反正、正本清源之舉，當視爲海峽兩岸詩歌寫作之朗朗正道，勢將發揚光大。台客先生力主編選本書並負責資金籌措，爲此傾身竭力；其中之難，唯當事者方能咀嚼個中甘苦；令人感佩！僅此，已足見葡刊人勇毅奉獻之德力。葡刊堅行此道已四十年！晶晶的以下詩句，恰如葡刊詩人的精神照影——

結廬於斯　結緣於斯
你溫柔的擺蕩
乃靈犀瞬間穿透的感動
你在我的夢中引渡
渡愛恨　渡寒暑
渡痴迷的蜂蝶　憔悴的斯人
把翩翩裙裾渡成蒼蒼華髮
把如夢情懷渡成水月空靈

——〈曾經擁有——獻給碧潭吊橋〉

《不惑之歌》何嘗不是一縷縷一絲絲「如夢情懷」！夢，乃是詩人須臾不離的忠誠侶伴。沒有夢的誘惑，不能想像葡刊詩人如上業舉。同樣，沒有對種種「夢」的沉潛感發，人們將失去欣賞幾多詩情詩思詩象詩境的絢爛！

想是半個世紀的兩岸隔離之苦，台灣詩人的夢，多有一種望斷歸雁的鄉愁，我讀到那一種「失根」的裂痛引發的詩句，最感擊疼。如文曉村的〈夢回杜樓〉，思歸鄉國之苦情竟至「淚水崩潰，不知爲誰悲」，讀來猛感一股摧心之力！——

千年之後
萬里歸來的遊子
竟然只是一隻
夢中奮飛的沙鷗
雪野茫茫　孤墓
誰來相守？

當趙秋萍在月光下爲思念之淚、離別之愁和無助的心直抒心臆，王聿均、邱平等詩人則把歸根的夢像化作纏綿的「漂鳥」，悱惻之「雁鷗」，詩句反覆作揪心的啼嗚「似箭的歸心！硬是被拗斷、拗彎」；李春生則將思歸之情化作「五十道死結」，「牢牢地繫在相思搓成的線上」！而路衛，手握一瓶從大陸帶走的黃河水，「就像緊握親娘枯瘦的手」，感到千尋萬盼的慈顏與溫馨，不由嘆道：「儘管只是小小的一瓶／但已足夠滋潤／他鄉龜裂的心田」。以上情思洋溢的意象，透出詩人堅不可摧的心念。羈美詩人紀弦在〈雲和月〉裡那「朝暮西望，不見長安。日夜西看，不見家鄉」的浩嘆，一股沉郁的思鄉念國之情，使人爲之震撼；賴益成二十年漂泊凝成的如下詩句，讀來實感悲切——「二十年　人子啊／山山水水　在夢裡／二十年　人夫呀／山山水水　在夢裡／二十年　人父呀／山山水水　在雲裡」

而像林玲的〈在我們的心裡〉一詩，一腔夢語以樸實落筆，心中的眞情自然流出，直撞同一心脈的胸扉——「少小離家老大回　在心裡／我們頻頻祈禱／中國啊　不要再有戰亂」

夢，是詩人的精神家園，不唯台灣詩人獨享。在本書中的澳籍詩人雪陽〈詩中的城市〉中，詩就是夢，夢也是詩——

母親說　詩眞好
寫詩的夜晚我一個時辰一個時辰地笑著
自言自語……寫詩的時候魂在自身
那些陽春白雪的句子像夢話
能讓人暫時忘卻一切陰影

楊金火的〈步上紅地毯〉妙不可言——他把人生的婚禮看成了「詩與夢的結合」。美籍詩人非馬的〈春雪〉寫思之夢，角度一變，新意即出——

眞想撥通越洋電話
話筒舉向窗外的天空